KB263211

맛에 진심이라면,

교양 한 그릇

맛에 전심이라면,
교양 한 그릇
박찬일 지음
북트리거

이 책은 2022년도 《중학독서평설》에 1년간 연재한 글을 모아 보강하고, 새로 쓴 원고를 붙여 묶은 책입니다. 매달 독서평설이 배달될 즈음이면 우편함을 자주 들여다보곤 했어요. 봉투를 뜯었을 때 풍기는 신선한 잉크와 종이 냄새, 내가 쓴 원고가 어떻게 편집되었는지 확인하는 흥분과 기대가 있었어요. 디지털 시대에도 저는 여전히 질량과 실감의 세계를 살아간다고 할까요. 손에 잡히는 무게, 냄새, 감촉 같은 종이책의 관능을 좋아합니다. 중학교 시절, 처음으로 시립도서관에 가서 서가에 꽂힌 오래된 책을 꺼내 들었을 때의 느낌이 되살아납니다. 그때도 여전히 '냄새'가 있었지요. 묵은 책에서 나는 특유의 향 말입니다.

어쩌면 코가 예민해서 요리사가 되었는지도 몰라요. 언젠가 김장에 대해 써 달라는 원고 청탁을 받아들고는 이렇게 글을 시작했어요.

"코가 시리게 추운 초겨울, 어머니는 수돗가에서 김장을 시작했다. 맵도록 알싸하게 풍겨 오던 김장 양념 냄새, 다 마치고 어머니가 방에 오셨을 때 방한용으로 입으셨던 겨울 스웨터에는 진한 마늘 양념이 배어 있었다. 김장은 그렇게 냄새에서 시작되었다…."

이 책에는 우리 시대의 많은 음식 이야기가 들어 있어요. 모두 제가 경험하고 만들거나 먹어 본 메뉴들입니다. 요리사이자 작가로서 살면서 우리나라와 세계의 곳곳을 돌아다닐 기회가 있었어요. 그 현장에서 많은 음식을 맛보고, 시장에서 재료를 고르며 만져 보고, 현지의 사람들에게서 음식에 얽힌 수많은 이야기를 들었습니다. 그 경험이 이 글을 쓰는 데 원동력이 되었어요. 여러분들도 앞으로 살아가면서 많은 음식을 접하게 될 거예요. 식생활은 우리의 삶에서 떼어 놓을 수 없는 부분이니까요. 그중에는 이미 익숙한 음식들도 있을 테고, 생전 처음 먹어 보는 음식도 있을 겁니다. 익숙하던 음식이 갑자기 새롭게 느껴지는 경험도 있을 것이고요. 그런 경험들을 보다 선명하게 느낄 수 있도록 이 책을 읽으면서 미리 연습해 두는 것도 좋지 않을까 싶어요.

음식을 단순히 칼로리와 영양 섭취의 시각으로만 보는 건 과거의 일이에요. 이제 음식의 역할은 사람들 간의 상호 관계, 서로 나누는 감정의 매개체로 확장되었습니다. 나아가 음식을 더 좋은 세상을 만드는 열쇠로 보기도 하는 시대가 되었어요. 먹방과 쿡방의 유행에서 보듯이 사람들에게 즐거움을 주는 오락의 한 축도 담당하고 있지요. 여러분들도 이 책을 통해 장차 더 즐겁고 행복한 식생활을 맞이할 수 있기를 바랍니다.

끝으로 한 가지 당부하고 싶은 말이 있어요. 맛있는 음식을 먹는 동안 식탁 바깥의 여러 수고들도 잠깐 헤아려 보는 건 어떨까요? 농민과 어민, 식품을 가공하고 유통하는 사람들과 요리사들까지… 우리 밥상에 올라오는 한 그릇의 음식에는 수많은 사람들의 관심과 노고가 배어 있습니다. 그들의 마음을 헤아리다 보면, 우리의 몸과 마음을 든든하게 채워 주는 음식의 소중함을 새삼 느낄 수 있을 거예요.

2025년, 한여름에도 뜨거운 화덕 옆에서
저자 박찬일

들어가며

1부

오늘 금식 메뉴는 뭐예요?

이렇게 '빠삭'한 건 반칙이지!
돈가스

오늘의 점심 메뉴를 확인하는 순간, 존재만으로도 마음을 설레게 하는 음식이 있죠? 겉은 바삭하고 속은 촉촉한 돈가스도 그중 하나일 거예요.

급식에 돈가스는 반칙이지!

　학생들이 좋아하는 음식 순위를 매겨 보면 돈가스는 꽤 높은 순위에 있을 겁니다. '파삭파삭(맞춤법에 따르면 바삭바삭이라고 해야 하지만, 뭔가 이렇게 해야 더 맛있어 보이지 않나요?)한' 식감, 풍부한 육즙, 한입 베어 물면 입안 가득 퍼지는 고소한 맛! 돈가스는 반칙이에요. 막강한 맛의 요소가 한 개도 아니고, 이렇게나 다양하면 다른 음식들은 돈가스를 어떻게 상대하겠어요.

　돈가스의 첫 번째 반칙은 '튀김'이라는 점입니다. 튀기는 조리 방식은 재료에 강한 **마야르 반응**을 일으켜요. 우리가 즐겨 먹는 치킨의 황홀한 맛과 냄새도 바로 마야르 반응의 효과예요. 두 번째 반칙은 돈가스의 주재료가 고기라는 점이에요. 고기는 곡물이나 채소에 비해 감칠맛이 훨씬 강합니다. 영양가도 높고요.

　마지막 반칙은 돈가스의 단짝, '소스'입니다. 소스는 원래 '소금으로 간을 한 것'을 가리키는 말이었어요. 처음에는 고기의 육즙을 활용하여 만들어지다가, 점점 다양한 재료를 더해

마야르 반응 프랑스의 의사이자 화학자인 루이 카미유 마야르가 1912년 보고한 것으로, 열에 의해 아미노산과 당이 반응하여 멜라노이딘(갈색 색소)이 생성돼 음식의 맛과 향이 훨씬 더 풍부해지는 현상

만든 양념으로 발전했습니다. 이제 소스는 음식의 감초가 되었죠. 고기를 구울 때 나오는 육즙에 소금, 캐러멜, 후추 등을 넣어 만든 그레이비 소스도 이렇게 탄생했습니다.

그런데 돈가스는 고기를 튀기는 요리이니 육즙이 밖으로 새어 나올 일이 없죠. 이 때문에 오리지널에 해당하는 유럽의 돈가스(뒤에 언급될 비너슈니첼)에는 녹인 버터와 레몬즙 등이 소스로 활용됐습니다. 현대에 이르러 돈가스 전용 소스가 개발되었는데, 주로 한국과 일본에서 많이 먹습니다. 우리나라에서는 갈색 육수를 오래 졸여 만든 걸쭉한 데미글라스 소스를 애용하고 일본은 마늘, 사과, 양파 등에 조미료를 넣어 익힌 우스터 소스와 간장을 많이 써요. 참고로 데미글라스는 밀가루와 버터를 볶아 브라운 **루**를 만들고 거기에 토마토, 포도주, 후추와 잘게 부순 소뼈를 넣어서 태우듯이 바짝 졸인 뒤 체로 걸러 낸 프랑스 전통 소스랍니다.

돈가스의 조상님을 찾아서

예전에 어느 테마파크에 간 적이 있어요. 그곳 식당의 최

루ʳᵒᵘˣ 밀가루와 버터를 같이 가열하여 만드는 소스의 재료. 양식에 많이 활용된다.

돈가스의 원조, 오스트리아의 비너슈니첼

고 인기 메뉴는 비너슈니첼(wiener schnitzel)이었습니다. 비너
슈니첼은 돈가스의 원조 격인 오스트리아의 대표 음식이에요.
식당에는 돈가스가 따로 없었죠. 돈가스를 먹고 싶은 마음에
아쉬운 대로 비너슈니첼을 주문했는데, 어라? 정작 나온 건 한
국식 돈가스였습니다.

'왜 돈가스를 비너슈니첼이라고 했을까?'

아마도 테마파크에 어울리도록, 평소 접하기 어려운 음식
처럼 보이게끔 비너슈니첼이라는 이름을 붙인 것이 아닐까요?
사실 두 음식은 비슷하면서도 다릅니다. 두툼한 볼륨을 자랑
하는 돈가스와 달리, 비너슈니첼은 얇게 저민 고기에 빵가루
를 입혀 기름에 지지거나 튀겨서 만들거든요. '슈니첼'이라는
이름 자체가 독일어로 '얇은 고기'라는 뜻이랍니다.

비너슈니첼은 오스트리아의 수도인 빈에서 탄생했다고 알
려져 있어요. 오스트리아와 독일은 둘 다 독일어를 쓰는 만큼
식문화도 비슷합니다. 그래서 독일에서도 비너슈니첼을 널리
먹어요. 두 나라 비너슈니첼의 차이점은 고기에 있습니다. 오
스트리아의 비너슈니첼은 송아지 고기로만 만들도록 법으로
규정되어 있습니다. 등심 부위를 주로 쓰고요. 다른 고기로 만
들었을 경우에는 '돼지고기 비너슈니첼'과 같은 식으로 다른
명칭을 써야 해요. 오스트리아에서는 소고기로 만든 정통 비
너슈니첼을 많이 먹는 반면, 돼지를 많이 키우는 독일에서는

 #1. 돈가스

돼지고기 비너슈니첼을 보편적으로 많이 먹습니다.

돈가스가 한국에 온 사연

그렇다면 '돈가스'라는 요리는 언제, 어떻게 한반도에 들어온 걸까요? 대한제국 시절 고종 황제 부부는 양식을 아주 좋아했어요. 궁에서 황제를 위한 서양 음식을 준비하기 위해 프랑스계 독일 여성 앙투아네트 손탁을 고용할 정도였죠. 이때 돈가스, 아니 비너슈니첼이 조선에 들어왔을 가능성이 있습니다. 그렇다 하더라도 어디까지나 궁에서만 먹을 수 있는 음식이었어요. 이름도 아직 돈가스가 아니었고요.

대중들이 돈가스를 알게 된 것은 일본을 통해서였습니다. 일본은 원래 7세기 덴무 천황 때부터 육식이 금지됐어요. 농사가 나라 경제의 기반이었기에 농사에 쓰이는 소를 잡지 못하게 하는 조치였죠. 이 당시 일본은 불교 국가여서 살생을 엄격히 금하기도 했고요. 그런데 1868년 **메이지유신** 이후 사정이 바뀌었습니다. 당시 일본인들은 서양인들이 세계를 지배하게 된 까닭이 커다란 덩치 때문이라고 생각했거든요. 체격의 차

메이지유신　19세기 말 일본에서 일어난 개혁. 정치·경제·문화 전 영역에 걸친 서구식 근대화를 추구했다.

이는 물론 식문화의 차이에서 기인한 것이고요. 그때까지 일본인들의 주식은 생선과 채소였는데, 서양인처럼 체구를 크게 키우자며 나라에서 육식을 장려하기 시작한 겁니다. 마침내 1872년 육식 금지령이 폐지됐어요. 무려 1,200여 년 만의 일이었습니다.

이에 힘입어 서양의 선교사가 들여온 비너슈니첼이 드디어 일본에 등장합니다. 혹시 덴뿌라라는 음식을 먹어 본 적 있나요? 생선이나 채소에 반죽을 입혀서 기름에 튀긴 음식입니다. 오늘날에는 일본을 대표하는 음식 중 하나로 여겨지지만, 사실 덴뿌라도 16세기 포르투갈 선교사들에 의하여 외국에서 전래된 음식이었어요. 비너슈니첼이 소개될 당시에 덴뿌라는 이미 대중적인 음식이었습니다. 일본인들에게 익숙한 튀김 요리이다 보니 비너슈니첼 역시 금방 받아들여질 수 있었을 거예요.

당시에는 독일어인 비너슈니첼보다는 영어인 '커틀릿(cutlet)'이라는 이름으로 널리 알려졌어요. 1899년경 도쿄의 '렌가테이'라는 양식당에서 돼지고기를 사용한 포크커틀릿을 일본 최초로 선보였답니다. 메뉴의 이름은 포크커틀릿을 일본식으로 발음한 '가쓰레쓰'였죠. 하지만 이때까지만 해도 인기가 별로 없었다고 해요. 육식뿐만 아니라, 포크와 나이프로 썰어 먹는 요리 또한 일본인들에게는 영 익숙하지 않았던 거죠.

그러자 다른 식당들이 새로운 방식의 가쓰레쓰를 선보였습니다. 일본인들이 젓가락으로 쉽게 집어 먹을 수 있도록 튀긴 고기를 미리 칼로 썰어서 내놓은 겁니다. 곁들이는 양배추에는 친숙한 맛의 간장 소스를 뿌렸고요. 메뉴 이름도 좀 더 친근하게 '돈가쓰'로 바꿨습니다. '돈'은 한자 豚(돼지 돈)의 음이고 '가쓰'는 가쓰레쓰의 앞 두 글자죠.

추억의 경양식 돈가스

경양식은 간단한 서양식 요리를 뜻해요. 다른 나라에서는 쓰지 않는 용어입니다. 요즘에는 우리나라에서도 잘 쓰이지 않아요. 본격적인 양식을 접하기 쉬워졌으니까요. 하지만 한때 경양식은 부유층만 먹을 수 있는 고급 요리였어요. 돈가스, 오므라이스, 햄버그스테이크가 주 메뉴였죠. 수프나 빵을 제공하기도 했고요. 일제강점기에 세워진 서울역의 '그릴'이라는 식당이 우리나라에 본격적으로 양식을 소개한 것으로 알려져 있는데, 아쉽게도 지난 2021년에 문을 닫았습니다.

그러면 경양식 돈가스와 일본식 돈가스의 차이는 무엇일까요? 일단 '두께'가 다릅니다. 일본식 돈가스는 고기 자체의 풍미를 살려 두툼한 반면, 경양식 돈가스는 얇고 넓적합니다. 다음으로는 빵가루도 달라요. 일본식 돈가스에는 더 굵은 빵가루를 쓰고 튀김옷도 두꺼워요. 게다가 일본식 돈가스는 칼로 썰어서 내오고, 소스를 찍어 먹습니다. 경양식 돈가스는 직접 썰어 먹는 재미가 있죠. 소스는 이미 부어져 있고요.

일본식 돈가스가 처음부터 두꺼웠던 건 아니에요. 1970년대 이후 현지화되는 과정에서 두툼해진 거죠. 사실 원조 돈가스인 비너슈니첼과 더 가까운 것은 경양식 돈가스입니다. 결국 돈가스는 한식이기도 하고, 일식이기도 한 셈이에요. 물론 원조는 양식이고요!

한국식 돈가스 정식

이것이 일제강점기 조선으로 넘어와 돈가스가 되었습니다. 광복 후에도 돈가스는 경양식이라는 이름으로 한국에서 살아남았어요. 멋지게 꾸민 경양식집이 서울을 비롯한 대도시에서 성업했죠. 한국인의 취향에 맞춰 돈가스에 밥도 곁들였고, 김치나 단무지를 함께 내기도 했습니다. 그런데 1980년대 후반, 기세등등하던 경양식집이 하나둘 사라지기 시작했어요. 고급 음식으로 꼽히던 돈가스가 어느새 서민 음식으로 자리 잡았기 때문이죠. 돼지 사육이 크게 늘어 돈가스 재료인 돼지 등심과 안심이 저렴해지면서 시장에 대량 공급되었거든요. 특별한 날에 경양식집에서만 먹을 수 있던 돈가스가 어느덧 분식집 메뉴가 되더니 이제는 학교 급식에도 나오게 된 것입니다.

대중화한 돈가스의 도착지 중에서도 특히 흥미로운 곳이 있는데, 바로 택시 기사들이 주로 방문하는 기사 식당입니다. 이곳의 돈가스는 김치, 쌈장, 청양고추 등과 함께 나오죠. 돈가스 대신 삼겹살을 넣어도 이상할 게 없는 조합이라니, 무척 한국적이지 않나요? 한식을 선호하는 택시 기사들의 입맛을 반영한 결과일 거예요. 시작은 양식이었지만 그 끝은 한식이 되어 버린 돈가스! 이제는 한식 범주에 넣어도 이상하지 않을 듯합니다.

한편 요즘에는 일본의 영향을 받은 돈가스가 미식가들 사이에서 인기를 끌고 있어요. 이름도 일본어 그대로 히레카츠와 로스카츠라고 부릅니다. '히레'는 영어 '필레(fillet, 얇게 저민 고기나 생선 조각을 뜻함)'를 소리 나는 대로 옮긴 말로, 히레카츠란 안심으로 만든 돈가스를 뜻합니다. '로스'는 일본어로 등심을 뜻하는 단어고요. 고기에 분홍빛이 돌도록 덜 익히는 방식도 유행하고 있습니다. 일본은 돈가스의 원조 나라답게 소비량도 아주 많은데요, 심지어는 돈가스와 관련된 사회적 관습도 있답니다. 입시 시험(일본은 중학교, 고등학교도 개별 입시 시험이 있습니다)을 앞두고 돈가스를 먹곤 하는 것이죠. 어쩌다 이런 관습이 생겼을까요? 바로 발음 때문입니다. 일본어로 '가쓰'가 이긴다는 뜻의 한자어 '勝(이길 승)'과 발음이 같기 때문입니다.

'이것' 없으면 어쩔 뻔?
잡채

명절이나 생일 같은 잔칫상에 빠질 수 없는 요리 하면 잡채가 떠오르죠. 잡채에는 다양한 재료가 들어가지만 주재료는 단연 '이것'이라 할 수 있는데요, 무엇인지 궁금하지 않나요?

잡채 vs. 잡채

저는 어려서부터 잡채를 좋아했어요. 집에서 흔히 먹는 요리는 아니었고, 명절이나 잔칫날에나 맛볼 수 있었죠. 요즘은 급식 반찬으로도 잡채가 종종 나온다던데, 여러분도 잡채를 좋아하나요?

잡채를 하나하나 뜯어봅시다. 잡채는 갖가지 채소와 고기를 볶아서 삶은 **당면**을 넣고 버무린 일종의 국수 요리입니다. 여기에 간장과 깨소금, 참기름 등 양념을 더해 고소한 '단짠'의 맛을 내죠. 그러니 입맛을 자꾸만 끌어당길 수밖에요. 외국인도 우리 잡채를 맛보면 대개는 아주 좋아합니다. 나라마다 세부적인 요리법과 재료는 다르더라도, 면과 다른 식자재를 섞어 먹는 음식은 그 자체로는 낯설지 않다는 점도 영향이 있을지 몰라요. 특히 동아시아 지역에는 잡채와 비슷한 음식이 몇 가지 있습니다. 중국요리 중에도 잡채가 있어요.

그런데 과연 중국집에서 시켜 먹는 잡채는 한식 잡채와 비슷할까요? 그럴 수도 있고 아닐 수도 있습니다. 이게 무슨 얘기냐고요? 먼저 잡채의 뜻을 한자로 풀어 봅시다. 잡채를 한자로는 '雜菜'라고 쓰는데, 여기서 '잡(雜)'은 '섞다' 또는 '모으다'

당면 감자나 고구마 따위에 들어 있는 녹말을 가루로 내어 그것으로 만든 마른국수

고추잡채는 꽃빵과 함께 먹는다.

라는 뜻이에요. 그러면 '채(菜)'는 무슨 뜻일까요? '채소'를 바로 떠올리기 쉽지만, 실은 채소가 아니라 '요리'라는 뜻입니다. 이름에서 알 수 있듯이 채소, 버섯, 고기, 해산물 등 온갖 재료를 모아 넣고 양념해 볶아 만든 요리죠.

전통 중국 잡채가 한식 잡채와 다른 점은 당면이 들어가지 않는다는 거예요. 당면 없는 잡채라니, 상상이 안 간다고요? 혹시 중국집에서 고추잡채를 먹어 본 적 있다면 떠올려 보세요. 고추잡채는 고기와 피망을 잘게 썰어서 볶은 뒤 꽃빵과 함께 내오는 요리인데, 잡채라는 이름만 보고 시킨 손님이 왜 당면이 없느냐며 따지는 경우도 꽤 있다고 합니다. 그래서 요즘에는 중국집에서도 당면을 넣은 고추잡채를 선보이곤 합니다. 밥에 볶은 잡채를 한가득 얹어 주는 중국집 잡채밥도 등장했고요.

진짜 원조의 맛

여기까지만 살펴보면 전통 중국 잡채와 한식 잡채는 다른 음식 같아요. 한식 잡채의 핵심 재료는 당면이니까요. 그런데 여기엔 흥미로운 사실이 하나 숨어 있습니다. 원래 한식 잡채에도 당면이 들어가지 않았다는 점입니다. 그러면 한국 사람들이 언제부터 잡채에 당면을 넣어 먹기 시작했는지 지금부터 차근차근 짚어 볼까요?

잡채는 조선 시대부터 만들어진 요리입니다. 광해군 때 이충이라는 사람이 임금에게 잡채를 바쳐서 판서 벼슬을 얻었다는 이야기가 전해지고 있어요. 사실인지 아닌지 알 수는 없지만, 잡채가 그만큼 귀하고 맛있었다는 뜻일 겁니다. 그런데 이 당시에는 잡채에 당면을 넣지 않았습니다. 17세기에 지어진 요리책 『음식디미방』에 잡채 만드는 방법이 나오는데, 여러 채소를 볶아 꿩고기와 버무리고 여기에 걸쭉한 밀가루 즙을 끼얹는다고 설명합니다. 눈을 크게 뜨고 찾아봐도 당면은 등장하지 않습니다.

'당면(唐麵)'을 한자 그대로 풀이하면 '중국 당나라 국수'라는 뜻입니다. 그렇지만 당나라의 음식이 그대로 건너와서 당면이 된 건 아니에요. 보통 중국에서 건너온 사물에 으레 접두사로 '당'이라는 글자를 붙이다 보니 당면이 된 것이죠(낯익은 동물인 당나귀도 원래는 중국에서 건너온 나귀를 뜻하는 말이었답니다). 중국에서는 주로 녹두로 당면을 만들었습니다. 현재는 녹두 가격이 올라 고구마나 타피오카(열대지방에서 나는 카사바 뿌리에서 채취한 녹말)를 주로 이용하지만요. 당면을 우리나라에 전파한 사람들은 바로 '화교(외국에서 사는 중국 사람)'입니다. 19세기 말 조선에 화교들이 들어와 자리 잡기 시작하면서 중

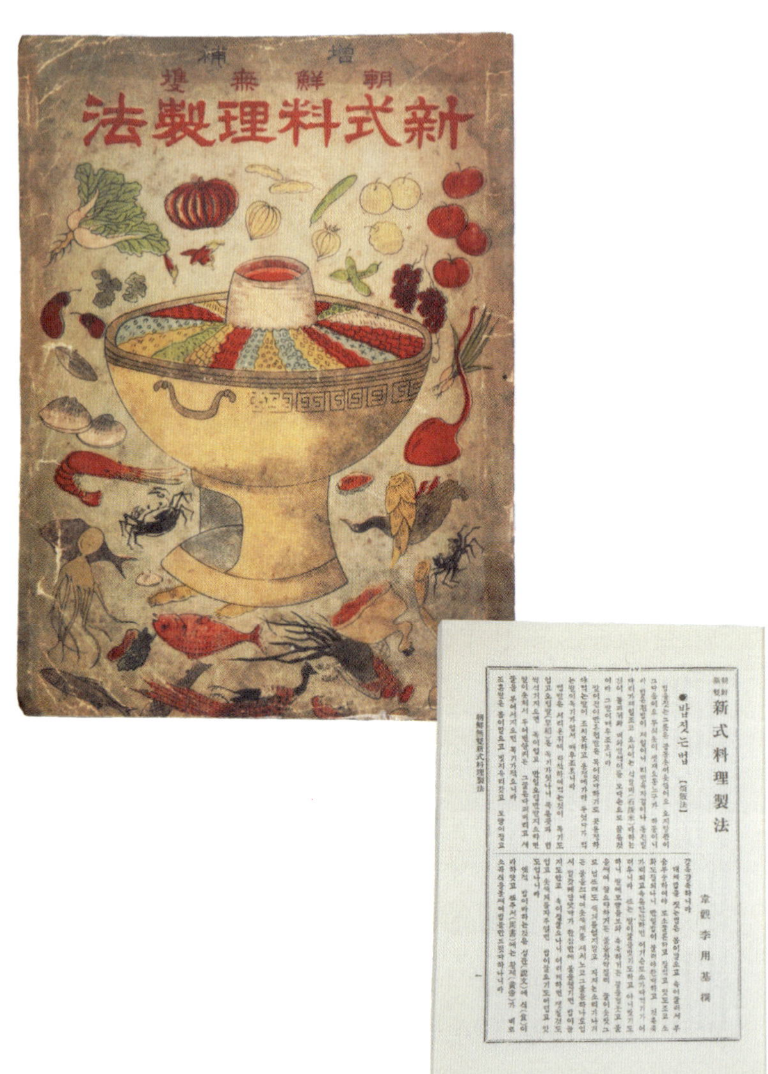

'조선에 둘도 없는 최신 요리법' 책, 『조선무쌍신식요리제법』의 표지와 본문. 밥 짓는 법이 소개되어 있다.

국집이 생겨났고, 그때 자연스레 당면도 함께 퍼졌습니다.

이 당시 당면은 화교가 직접 만들거나 중국에서 수입했습니다. 그러다 그들에게서 기술을 배운 일본인이 1912년 평양에 당면 공장을 세웠죠. 나중에는 이 기술을 일본으로 전해 각종 요리에 활용했고요. 하루사메라고 불리는 봄비처럼 가느다란 국수가 대표적입니다. 아무튼 이렇게 당면이 대량으로 생산되기 시작하면서 우리 잡채 요리법에도 영향을 미쳤죠. 1924년에 출판된 『조선무쌍신식요리제법』이라는 책을 잠깐 들여다볼까요? 이 책의 제목은 '조선에 둘도 없는 최신 요리법'이라는 뜻인데요, 잡채 만드는 방법도 자세하게 나와 있습니다. 이를 현대어로 바꿔 간단히 소개해 보겠습니다.

"도라지는 데쳐서 빨아 준비하고, 미나리는 칠 푼(2센티미터) 정도로 잘라 기름에 볶고, 목이버섯을 불려 넣고, 고기를 양념해 볶고, 표고버섯을 채쳐 기름에 볶고, 한데 섞어 접시에 담아, 노른자와 흰자를 따로 부쳐 고명으로 올린다. 해삼과 전복을 채쳐 넣어도 좋다."

글로만 봐도 엄청난 고급 요리 같죠? 그런데 이어지는 설명이 아주 놀랍습니다.

"당면을 데쳐서 넣는 건 좋지 못하니라. 먹을 때는 겨자나 초장에 찍어 먹는다."

'한국식 잡채에 당면을 넣는 건 정통이 아니다!' 이렇게 살짝 훈수를 두듯이 말하고 있는 듯합니다. 이 책의 저자인 이용기는 당면 잡채에 반대했던 거예요. 최신 요리책의 저자가 이렇게 일침을 두었다는 사실은 그 당시 잡채에 당면을 넣어 먹는 사람이 꽤 많았다는 점을 역설적으로 말해 줍니다. 정통을 중시하는 요리 전문가로서는 새로운 트렌드가 마음에 안 들었던 거죠.

당면 그 잡채

이제 당면은 잡채에 빠져서는 안 될 주재료가 되었습니다. 당근이나 시금치, 버섯이나 고기 중 하나가 빠지더라도 백번 양보해서 이해할 수 있지만, 당면 없는 잡채는 도무지 떠올리기 어려울 지경입니다. '잡채＝당면'이라고 해도 아주 틀린 말이 아니에요. 이런 당면 잡채 요리법은 1960년대에 완전히 정착한 것으로 추측됩니다. 그도 그럴 게, 쫄깃한 당면은 맛이 좋을 뿐만 아니라 값도 비교적 저렴했거든요. 일제강점기와 6·25전쟁을 연이어 겪은 우리나라는 당시 세계에서 가장 가난한 나라 중 하나였습니다. 값싼 당면을 듬뿍 넣어서 넉넉히 조리한 잡채는 많은 사람이 나눠 먹을 수 있는 음식이었어요. 모두 함께 주린 뱃속을 든든하게 채울 수 있었죠. 1970년대에 저는 당면 잡채 만드는 모습을 보며 자랐고, 잔칫집에서도 으레 당면 잡채를 대접받았답니다.

당면의 활약은 물론 잡채에서만 그치지 않았습니다. 요즘 우리가 먹는 여러 음식에도 잡채를 빠뜨릴 수 없습니다. 공장에서 당면을 만들다 보면 부스러기가 생기는데, 이걸 모아 만두에 넣어서 큰 인기를 끌었죠. 이제는 당면 없는 만두소를 떠올리기 어려울 만큼 필수 재료가 되었어요. 간이 된 고기와 채소를 섞은 후 당면을 잘게 썰어 넣는 방식이 한국식 만두의 기본 조리법이 된 것입니다. 당면은 씹는 식감과 양을 늘리는 역할도 하고, 고기의 기름기를 흡수해 담백한 맛을 더해 주기도 합니다.

잔치 음식이었던 순대가 대중화한 데도 당면이 큰 역할을 했어요. 원래 순대는 돼지 창자에 고기, 찹쌀, 채소 등을 넣어 만들어 재료비가 만만치 않은 요리였어요. 그런데 당면을 넣으니 비용이 뚝 떨어졌죠. 순대는 차츰 떡볶이 같은 분식으로 자리 잡았습니다. 이처럼 당면의 유행은 우리 식문화에 커다란 변화를 불러왔어요. 이렇게 보면 당면은 고마운 식재료죠.

원래 중국에서 들어온 재료답게, 당면은 중국에서도 여전히 흔히 먹는 음식입니다. 당면의 굵기도 다양해요. 하지만 중국 본토에는 잡채밥도 없고, 당면을 넣은 만두도 거의 없습니다. 예전에 중국 여행을 하던 중에 잡채밥이 먹고 싶었던 적이

있어요. 기지를 발휘하여 볶은 당면과 밥을 따로 시켜서 섞어 먹었더니, 가게 주인의 눈이 휘둥그레지더군요!

전통을 넘어, 잡채의 변신은 무죄!

잡채는 이처럼 활용도가 높은 음식입니다. 다른 음식과 곁들여 먹기도 쉽고, 입맛 따라 내용물을 고를 수도 있으니까요.

요즘에는 채식주의자나 건강식을 선호하는 사람들이 **비건**용 잡채를 따로 만들어 먹기도 합니다. 고기를 넣지 않고 두부, 콩고기, 견과류 등을 사용하는 거죠. 간장 대신 표고버섯을 우려 낸 물을 이용하여 감칠맛을 살리기도 하고요. 한편 명절이 지난 뒤에는 잡채로 김밥을 말아 먹기도 합니다. 잡채를 한꺼번에 많이 만들었다가 남았다면 시도해 보기 좋은 방법이죠. 애초에 김밥도 다양한 재료를 모아 만드는 음식이니 잡채를 속재료 삼아 만들어도 잘 어울립니다. 계란 옷을 입혀 먹어도 맛있을 거예요. 이렇게 해 본 사람이 한둘이 아닌지, 요즘엔 심지어 편의점에서 잡채 김밥을 팔기도 하더군요.

좀 더 색다르게 먹는 방법도 있습니다. 바로 크림잡채파스타예요. 얼핏 듣기엔 상상이 잘 되지 않지만, 실은 파스타 면 대신 당면을 쓰는 것뿐이랍니다. 우유나 생크림, 버섯, 양파 등을 넣고 만든 서양식 소스를 당면에 버무려 먹는 거죠. 전통적인 간장 맛 대신 부드럽고 고소한 맛이 특징이에요. 맛이 없을 수 없는 음식이죠. 매콤한 걸 좋아한다면 불맛을 살린 매운 잡채도 먹어 보라고 권하고 싶어요. 고추장, 고춧가루, 다진 마늘 등을 넣고 볶아 만드는 잡채로, 술안주나 매운 음식을 좋아하는 사람들에게 인기가 있습니다. 닭고기나 소시지를 함께 넣

비건^{vegan} 동물에 대한 착취를 반대하여 동물성 식품을 전혀 먹지 않는 채식주의자

#2. 잡채

는 경우도 많아요. 마지막으로, 잡채 튀김을 빼놓으면 섭섭하죠. 잡채를 만두피나 튀김용 반죽에 싸서 튀긴 요리로, 겉은 바삭하고 속은 촉촉한 맛이 매력입니다. 에어프라이어나 오븐이 있다면 간단하게 만들어 먹을 수 있어요.

여러분도 잡채를 좋아하나요? 저는 젓가락질을 멈추지 못할 정도로 좋아합니다. 잡채를 별로 좋아하지 않는 친구들도 당면이 들어간 순대나 만두는 대부분 좋아할 거예요. 어떤 친구들은 당면이 들어가지 않은 고추잡채를 좋아할 수도 있을 거고요. 아직 좋아하는 잡채 요리가 없다면, 먹어 보고 싶은 재료를 직접 넣어서 만들어 보는 건 어떨까요? 잡채의 특징은 어떤 재료든 받아들이고 다양한 방식으로 만들어 먹을 수 있다는 점이니까요.

오늘도 내일도 당긴다
떡볶이

매콤! 쫄깃! 혀에 착착 감기는 감칠맛! 참을 수 없는 욕망! 떡볶이를 수식하는 말은 참 많습니다. 가장 한국적인 길거리 음식이기도 한 떡볶이는 어떻게 우리의 소울푸드가 되었을까요? 전 세계로 퍼진 오늘날의 떡볶이는 어떻게 진화하고 있을까요?

떡볶이가 레전드 음식이 된 이유

떡볶이는 이미 우리나라만의 음식이 아닙니다. 세계적인 음식이 될 조짐을 보이고 있거든요. 미국, 일본, 호주와 유럽에서도 떡볶이가 인기를 모으고 있어요. 유튜브에 '떡볶이'를 검색하면, 외국인이 직접 만들어 먹는 영상이 쏟아져요.

떡볶이는 왜 그렇게 맛있을까요? 왜 세계의 남녀노소가 열광하는 걸까요? 인간의 미각을 자극하는 핵심이 골고루 모여 있기 때문이죠. 떡볶이 양념 재료를 보세요. 고추장, 설탕, 물엿에 멸치·새우·다시마로 우려 낸 육수, 그리고 조미료까지. 매운맛, 단맛, 감칠맛 전문 주자들이 포진하고 있습니다. 안 그래도 마트에서 파는 대부분의 고추장에는 물엿이 다량 들어 있는데요, 거기다 설탕과 물엿을 더 넣어 조리하니 떡볶이에서 단맛이 빠져나갈 틈이 없습니다. 고추장은 단맛과 매운맛, 그리고 화끈한 비주얼까지 담당하니 그 역할이 대단히 중요합니다. 숨은 실력자인 육수와 조미료가 감칠맛까지 보태고요.

흔히 MSG(글루탐산나트륨)로 불리는 인공 조미료를 떡볶이에 넣기 시작한 것은 1970년대부터로 벌써 반세기를 넘었습니다. 당시만 하더라도 MSG가 비싸서 많이 넣을 수 없었지만, 1990년대 들어 가격이 저렴해지면서 첨가량이 점점 늘었습니다. MSG는 어떤 음식에 넣어도 맛을 더해 주는 '마법의 가루'로 잘 알려져 있죠. 그럼 MSG의 보급에 따라 떡볶이의 인기는 고공 행진 했을까요? 아이러니하게도 떡볶이의 인기는 MSG 때문에 주춤했어요. 천연 조미료와 달리 (화학적으로 만들어 낸) MSG는 몸에 나쁘다는 인식이 있었고, 떡볶이도 덩달아 '불량 식품'으로 취급되었죠. 한때는 학교 앞 떡볶이를 없애야 한다는 주장도 있었어요.

그러던 중 프랜차이즈 떡볶이집의 탄생으로 상황이 반전됩니다. 누구에게나 공개된 깨끗한 주방과 세련된 매장 인테리어로 떡볶이에 씐 불량 식품 이미지는 어느새 옛날이야기가 됐어요. 불량 식품 퇴출 운동으로 학교 앞에서는 떡볶이집이 사라져 갔지만, 번화가에선 갈수록 늘어났습니다. 더구나 코로나19는 떡볶이의 부활에 기름을 부었어요. 사람들이 외식을 기피하면서 음식을 배달해 먹거나 밀키트를 사는 일이 늘었는데, 이 틈을 놓치지 않고 포장 떡볶이와 떡볶이 밀키트가 가정집에 침투한 것입니다. 떡볶이는 웬만해선 배달 앱의 인기 메뉴에서 10위 밖으로 떨어지지 않아요.

전설의 시작

떡볶이는 언제 세상에 나왔을까요? 조선 시대부터 먹던 전

고추장 대신 간장으로 맛을 낸 궁중 떡볶이

통 음식이라는데, 사실일까요? 우선 떡볶이에서 주인공을 맡고 있는 가래떡의 시작을 알아봅시다. 조선 후기의 실학자 이익이 쓴 『성호사설』 제4권 「만물문」에는 "떡을 비벼 다리처럼 길게 만들고 실처럼 서려" 가래떡을 만든다고 쓰여 있어요. 이 가래떡을 끓여 먹다가 나중에는 볶아 먹게 되었고, 그게 떡볶이로 이어졌다고 추측됩니다. 실제로 가래떡을 볶았다는 기록도 있어요.

"굵게 썬 떡을 다진 소고기, 돼지고기와 양념한 뒤 (…) 떡, 호박오가리(호박을 얇게 썰거나 길게 오려서 말린 것), 표고버섯을 볶을 때 끓인 장국을 부어 넣고 계속 맛있게 볶는다."

19세기 조선의 요리책인 『주식방문』에 나오는 떡볶이 만드는 법입니다. 떡볶이를 만들 때 소고기, 돼지고기에 귀한 표고버섯까지 넣는다니… 재료가 범상치 않군요.

자, 한번 생각해 봅시다. 밥 지어 먹기도 아쉬운 귀한 쌀로 떡을 만들고, 값비싼 고기와 버섯을 곁들여 볶다니! 이게 과연 서민 음식일까요? 아니겠죠. 떡볶이는 본디 서민은 먹을 수 없는, 왕족과 양반만 즐길 수 있는 귀한 음식이었습니다. 『주식방문』 외의 다른 옛날 조리서를 봐도 떡볶이는 아주 화려한 요리였어요. 간장으로 맛을 내고 버섯과 소고기를 적극적으로 활용하는 오늘날 궁중 떡볶이가 아마 조선의 떡볶이와 비슷했을 거예요.

며느리도 알고, 전 국민이 다 아는 떡볶이

궁중 떡볶이는 맵지 않아요. 그런데 오늘날 떡볶이는 어쩌다가 이리 매워졌을까요? 떡볶이가 널리 퍼져 서민 음식으로 자리 잡은 것은 1960년대 이후입니다. 6·25전쟁 이후 원조 물자로 밀가루가 대량 유입된 덕분이죠. 사람들은 원조받은 밀가루로 국수, 짜장면, 수제비, 만두 등 다양한 음식을 개발했습니다. 쌀 대신 밀가루로 만든 가래떡도 그중 하나였죠. 게다가

신당동 떡볶이 골목의 터줏대감, 마복림떡볶이

양념에도 찹쌀 풀 대신 값싼 밀가루를 넣어 된장, 고추장의 가격이 훨씬 저렴해졌습니다. 고추장도 싸고, 떡도 쉽게 구할 수 있겠다… 배달의 민족(?)인 우리가 고추장에 떡을 볶지 않고 어찌 배길까요.

지금 서울 신당동 '떡볶이 골목'을 창시한 마복림 할머니가 처음으로 고추장에 떡을 볶기 시작해 떡볶이의 대모가 되었습니다. 오늘날 신당동 떡볶이 골목에는 엄청나게 많은 즉석 떡볶이집이 길 양쪽으로 이어져 있는데, 이 수많은 가게의 뿌리가 되는 마복림 할머니의 원조 떡볶이집은 연탄이 달린 작은 탁자에서 시작했어요. 마복림 할머니가 연탄불에 팬을 올리고

떡과 각종 재료를 고추장에 볶아 팔기 시작했다고 합니다.

이때 쓴 떡볶이 양념이 무척 맛있었는데, 그 비결을 아들에게도 며느리에게도 알려 주지 않는 걸로 유명했답니다. 마복림 할머니가 나와서 "고추장 비밀은 며느리도 몰라! 아무도 몰라!"라고 외치는 고추장 광고가 흥하기도 했어요. 물론 세상을 떠나시기 전에 그 비법을 아들과 며느리에게 전수해 주어서 우리는 지금도 원조 떡볶이를 만날 수 있게 되었답니다.

떡볶이 밸런스 게임

즉석 떡볶이 vs. 분식집 떡볶이

현대의 매운 떡볶이는 크게 즉석 떡볶이와 일반 떡볶이 두 가지로 나뉩니다. 일반 떡볶이는 '분식집 떡볶이'로도 불

즉석 떡볶이와 분식집 떡볶이

리는데, 커다란 무쇠 팬에 떡을 비롯한 재료와 양념을 대량으로 볶아서 주문이 들어오면 접시에 덜어 대접하죠. 즉석 떡볶이는 2인에서 4인이 먹을 양만큼 떡과 재료를 덜어 냄비에 양념과 함께 끓여 먹는 것이에요. 조리되지 않은 재료를 테이블에서 그때그때 직접 끓여 먹는다고 해서 '즉석 떡볶이'라고 불리게 됐답니다.

밀떡 vs. 쌀떡

쌀이 밀가루보다 귀했던 옛날에는 쌀떡 또한 매우 귀해서 이것으로 떡볶이를 해 먹는 상상조차 할 수 없었습니다. 하지만 요즘은 그렇지 않죠. 쌀떡볶이 또한 밀떡볶이만큼 흔해지면서 둘을 견주어 보는 사람이 많아졌어요. 밀떡은 양념이 깊게 배입니다. 직접 실험을 해 볼 수도 있어요. 어떤 소스든 좋으니 밥과 빵에 한번 뿌려 보세요. 분명 빵에 더 진하게 스며들 거예요. 그리고 밀떡은 오래 끓여도 덜 퍼진답니다. 반면에 찰기는 쌀떡이 더 좋아요. 쫀득쫀득한 식감을 좋아하는 사람은 쌀떡볶이를 선호하죠. 맛도 더 고소하고요. 그런데 맛과 별개로 추억 때문에 밀떡볶이를 선호하는 사람도 있어요. 옛날의 학교 앞 떡볶이는 재료값 절감을 위해 밀떡을 썼거든요. 그 시절 떡볶이를 그리워하면서 밀떡볶이만 찾는 거죠.

진화를 거듭하는 떡볶이

떡볶이가 세계적으로 대히트를 치게 된 결정적인 이유는 매운맛입니다. 외국인은 매워서 못 먹는다고, 한식의 세계화를 위해선 떡볶이를 안 맵게 해야 한다는 목소리도 있었지만 가장 한국적인 것이 가장 세계적인 법! 외국인도 고추장과 고춧가루를 듬뿍 넣어서 맵게 만든 떡볶이에 열광했습니다. 그도 그럴 게, 매운맛이 인체에 즐거움을 준다는 과학적인 근거도 있거든요. 매운맛은 인간의 쾌락 중추를 자극하여 도파민과 엔도르핀이 분출됩니다. 스트레스가 쌓일 때마다 유독 매운 떡볶이를 찾아 헤매게 되는 것은 과학적인 이치였던 거예요.

떡볶이를 좋아할 수밖에 없는 과학적인 근거는 이뿐만이 아닙니다. 떡볶이의 주재료인 쌀과 밀가루는 탄수화물이고, 탄수화물은 당이에요. 특히 쌀과 밀은 소화 흡수가 빨라 혈당을 급격하게 올려 주는 탄수화물이에요. 혈당이 높아지면 일시적으로 몸에 활력이 돌게 되고요. 국적은 다르더라도, 몸의 구조는 다 똑같습니다. 과장을 좀 보태면, 누구나 떡볶이가 당기게 마련이라는 거죠!

세계적인 인기에 힘입어서 떡볶이는 여러 모습으로 진화하고 있어요. 세계 각국의 식문화와 결합하며 말이죠. 매운 떡볶이에 크림을 얹어 분홍빛이 나는 로제떡볶이(꾸덕하고 매콤하면서도 포근한 맛이 일품이죠), 곱창을 넣은 떡볶이, 매운 소스 대신 짜장으로 볶은 떡볶이, 카레떡볶이, 카르보나라에 면 대신 떡을 넣은 떡볶이까지!

이렇게 쓰고 보니 오늘 저는 떡볶이가 당깁니다. 여러분도 예외는 아닐 것 같네요. 밀떡이든 쌀떡이든, 국물이 있든 없든 각자의 취향에 맞는 떡볶이를 먹어 봅시다.

월드와이드 짜장

중화요리의 탈을 쓴 한국 요리?! 이사하는 날이나 배달
음식을 먹고 싶은 날이면 가장 먼저 떠오르는 치명적인
매력의 짜장면에는 어떤 이야기가 숨어 있을까요?

누구나 빠져드는 마성의 음식

'검은 마성(魔性).'

마성은 사람을 매혹하는 강렬한 성질을 뜻해요. 검은 마성은 바로 짜장면을 가리키는 말이라고 할 수 있죠. 짜장면은 60년 이상 우리나라 인기 메뉴의 선두권을 지켜 오고 있습니다. 여전히 치킨과 더불어 가장 사랑받는 배달 음식이기도 하고요.

그렇다면 여기서 돌발 퀴즈. 짜장면은 과연 한식일까요, 중식일까요? 저는 한식이라고 생각합니다. 음식의 카테고리는 본디 딱 잘라 나누기 힘들지만, 적어도 짜장면은 한식에 더 가깝다고 봐요. 우리나라 짜장면을 처음 먹어 본 중국인들은 원래 중국에서 온 음식이라는 사실을 눈치채지 못합니다. 짜장면이 완전히 한국화됐기 때문이에요.

중국에서 처음 만들어진 음식이지만, 짜장면을 압도적으로 많이 먹는 나라는 우리나라입니다. 중국인 가운데는 짜장면의 존재 자체를 모르는 사람도 많다고 해요. 산둥과 베이징, 홍콩 등 일부 지역에서는 이를 먹기도 하지만 어디까지나 '마이너 국수'일 뿐이죠. 남녀노소 누구나 좋아해 인스턴트 면이 나오고 배달 음식의 아이콘이 된 한국 짜장면의 인기에 비할 수 없습니다.

짜장면을 한식이라고 표현한 건 절대로 '우리가 짜장면의 원조다!'라는 억지 주장을 펴려는 목적이 아니에요. 사실 좀 더 엄밀하게 따지면, 짜장면은 '중국 DNA'를 지닌 '한국형' 음식이자 동시에 '세계식'에 가까운 메뉴라고 할 수 있습니다. 웬 세계식이냐고요? 이건 뒤에서 더 자세히 설명할게요.

사실 짜장면은 맛없기가 힘듭니다. 충분히 치대어 만든 면은 쫄깃하고, 게다가 혈당을 빨리 올려 주므로 우리 몸이 원하는 맛을 낸다고 할까요. 무엇보다 소스가 중요한데, 짜장의 원료인 춘장은 콩과 밀가루로 만든 장에 사탕수수에서 얻은 달콤한 캐러멜을 첨가해 감칠맛이 끝내줍니다. 이렇게 만든 춘장에 맛있는 돼지고기와 양파 등을 넣어서 기름에 볶아 만드는 게 바로 짜장 소스입니다(참고로 예전엔 돼지기름을 써서 맛이 더 강렬했답니다).

고기와 단맛이 나는 양파에 감칠맛이 강한 춘장을 넣고 다 같이 기름에 볶는다? 이건 그냥 반칙이에요. 맛이 없을 수가 없습니다. 게다가 고기를 볶을 때 생겨나는 마야르 반응은 사람의 미각을 아주 강하게 자극합니다. 재료 자체의 강력한 감칠맛, 고기, 기름, 여기에 '볶기'라는 요리 과정을 더함으로써 맛이 배가되는 거죠. 참, 시중에서 파는 짜장면의 경우 설탕과 MSG 등을 추가로 넣는데, 이는 짜장의 맛을 우주로 보내 버립니다. 최고로 맛있다는 얘기예요.

산둥 지방의 면 요리, 물 건너 조선으로

이질적인 두 문화가 만나면 서로 영향을 주고받으며 발전하기 마련입니다. 음식도 중요한 **문화 접변**의 요소조. 예를 들면, 고려 사람들이 본격적으로 육식을 하게 된 건 몽골의 영향 때문으로 알려져 있어요. 가급적 살생을 금하는 불교가 국교였다 보니, 그전까지 고려 사람들은 고기를 즐겨 먹지 않았다고 해요. 1960년대 주한미군 또한 햄버거, 피자 같은 미국식 음식을 우리나라에 전해 주었죠. 이는 모두 문화 접변 사례예요. 짜장면도 비슷한 과정을 통해 우리나라에 들어왔어요. 그게 언제부터였는지, 잠시 역사의 시계를 돌려 볼게요.

때는 바야흐로 1882년 구한말이었습니다. 조선의 수도 한양을 지키는 훈련도감 소속 군인들이 반란을 일으켰죠. 이들은 당시 일본의 주도로 양성되던 신식 군대에 비해 차별 대우를 받는 것에 불만을 품어 왔어요. 봉급이 밀리기도 일쑤였죠. 밀리고 밀려서 겨우 받게 된 곡물도 형편없었습니다. 양도 적을 뿐더러, 모래와 겨가 섞여 있었죠. 결국 이들은 참았던 분노를 터뜨리기에 이르렀어요. 바로 이것이 임오군란의 시작입니다.

정부는 난을 진압하기 위해 당시 청(淸)나라였던 중국의

문화 접변 서로 다른 두 문화가 직접적·계속적으로 접촉하면서 서로의 문화 요소가 전파돼 새로운 양식의 문화로 변하는 현상

작장면(중국식 짜장면). 우리나라 짜장면에 비해 기름기가 적은 것이 특징이다.

군대를 끌어들였지만, 이는 훗날 청의 간섭을 자초한 결정이 되고 말았습니다. 임오군란 이후 조선과 청 사이에는 불평등 조약이 맺어졌고, 조약 내용에 따라 청나라 상인은 조선에서 마음껏 장사를 하며 인천을 중심으로 세력을 확장했거든요. 바로 이때 들어온 상인들이 우리나라 화교가 되었는데, 이 무렵 이들의 음식이 조선으로 건너오면서 짜장면도 함께 유입된 것으로 보입니다.

중국인들이 조선 땅에서 음식 장사를 하게 되자 조선인들도 그들의 음식 맛에 눈을 뜨기 시작했습니다. 짜장면과 짬뽕,

탕수육, 호떡, 우동 등은 이때부터 시작해 오늘날까지 사랑받게 된 음식들입니다. 아, 앞서 본 잡채도 빼놓을 수 없죠. 호떡이 등장한 김에 한마디 더. 호떡의 '호(胡)'는 청나라를 의미합니다. 떡은 빵이라는 음식이 없었던 당시 조선 사람들이 붙인 이름이에요. 당시에는 서양 케이크도 '양떡'이라고 불렸죠.

유감스럽게도 짜장면을 '누가, 언제, 어디서, 어떻게' 처음 만들었는지 알 길은 없습니다. 그저 '중국인 노동자들이 길거리에서 즐겨 먹은 음식이었다', '인천의 고급 중식당에서 개발된 음식이었다' 등 여러 가지 설이 전해질 뿐이죠. 유래가 정확하지 않아도 확실한 것 하나는 중국 산둥 지방의 면 요리가 바다를 건넌 중국인에 의해 우리나라로 전해졌다는 사실입니다.

짜장면이 세계 음식인 이유

짜장면은 1950년대 이후 폭발적인 인기를 끌었습니다. 우리나라는 전통적으로 논농사를 지으며 쌀을 주식으로 삼아 왔다 보니, 밀가루 음식이 한국인의 식탁에 오를 일은 별로 없었습니다. 밀을 대량 재배하기 위해서는 넓고 건조한 평야가 필요한데, 우리나라에는 그런 조건을 갖춘 경작지가 상대적으로 드물었던 탓이에요. 조선 시대에는 밀 가격도 아주 비싸서 부

미국이 지원해 준 밀가루 포대

유층이 중국으로부터 소량 수입해서 먹는 정도였죠.

밀가루 음식인 짜장면이 1950년대 들어 널리 퍼진 데는 미국산 밀가루의 공이 컸습니다. 미국은 1945년 해방 이후부터 우리나라에 밀을 꾸준히 공급해 줬어요. 가난과 식량난에 시달리던 시절, 상대적으로 값싸고 질 좋은 미국산 밀가루로 만든 음식들은 서민들의 배고픔을 달래 주었죠. 짜장면도 이러한 배경을 등에 업고 대중화될 수 있었던 겁니다.

짜장면이 세계의 음식이라는 주장엔 반찬도 한몫을 합니다. 원래 중국 짜장면은 반찬과 함께 먹는 음식이 아니에요. 하지만 반찬 하면 또 우리나라잖아요. 중국집을 하는 화교들은 짜장면을 낼 때 반찬을 함께 주지 않을 수 없었습니다. 처음에는 주로 대파가 제공됐지만 1960년대 양파 농사가 크게 성공하자 이것이 양파로 대체됐어요. 일제강점기의 영향으로 일본식 단무지도 곁들여지기 시작했고요. 결국 짜장면은 미국·호주·캐나다에서 생산된 밀가루와 중국·인도의 콩, 카리브해·동남아시아산 설탕, 일본의 단무지 등 여러 나라의 문화와 산업이 뒤엉켜 있는, 그야말로 월드와이드 음식입니다. 이렇게 말하면 저의 억지일까요?

짜장면에는 몇 가지 변종이 있습니다. 원래 초기의 짜장 소스는 첨면장(중국식 된장인 톈몐장의 한자음)을 전분 없이 기름에 볶아 만들었어요. 짭짤한 맛이 현재의 간짜장 맛에 가까웠죠. 여기에 전분을 풀어 부드러운 맛이 강해지면서 오늘날의 일반적인 짜장이 탄생했습니다. 그런가 하면 1990년대 이후에는 일반 짜장면보다 좀 더 되직한 맛의 쟁반짜장이나 짬짜면, 볶짜면 등의 슈퍼 하이브리드 음식까지 등장했답니다.

짜장의 종류는 다양해졌지만, 여전히 짜장 음식 중에서 제가 제일 좋아하는 건 바로 짜장면 곱빼기입니다. 넉넉한 그릇을 받아들 때마다 왠지 모르게 마음까지 든든해지는 것 같거든요. 참고로 곱빼기라고 해서 정말로 양이 두 배인 것은 아니에요! 약 1.5배 정도를 더 담아 주고, 값은 보통의 한 그릇보다 아주 약간 더 비싸게 받는 거죠. 곱빼기를 시킬 때면 마치 짜장면집의 넉넉한 인심까지 함께 전해지는 듯해 더욱 흐뭇해집니다.

짜장면은 또한 저와 같은 세대의 어른들에게는 단순한 음식이 아닙니다. 어린 시절의 추억을 소환하는 특별한 음식이

죠. 동시에 짜장면은 한국의 경제사를 파악할 수 있는 상징적인 음식이기도 합니다. 1970년대 초반 저희 동네의 짜장면값은 50원이었어요. 1980년대 초반에는 500원으로 올랐고요. 십 년 만에 가격이 열 배로 뛴 거예요. 정부가 짜장면값 인상을 민감하게 지켜본 이유도 바로 여기에 있습니다. 대중 음식인 짜장면 가격은 서민 생활을 상징하는 지표로 여겨졌고, 인플레이션(물가가 오르면서 같은 돈으로 살 수 있는 상품이 줄어드는 현상)의 신호탄 역할을 하기도 했거든요. 지금도 여전히 짜장면값이 오를 때마다 경제정책을 짜는 공무원들의 이맛살이 찌푸려진다고 합니다. 물론 이제는 햄버거나 치킨 같은 음식도 그와 비슷한 상징성을 가지게 되었지만요.

이렇게 세월이 흐르고 입맛도 다양해졌지만, 짜장면은 여전히 한국인들이 가장 즐겨 먹는 음식 중 하나예요.

맛.잘.알 kick

짜장면의 영혼, 춘장 개발의 역사

짜장면의 소스는 앞서 첨면장이라고 했지요? 첨면장은 춘장과 다른 소스인 걸까요? 아닙니다. 첨면장과 춘장은 같은 음식이에요. 우리나라 사람들이 '첨면장'을 발음하기 어렵다 보니, 점차 바뀌어 '춘장'이 된 것입니다.

춘장은 원래 중식당에서 직접 담가 만들었습니다. 시간이 오래 흐르면 숙성이 되어 갈색에서 검은색으로 바뀌어요. 지금 우리가 먹는 짜장이 검은 이유냐고요? 그건 아닙니다. 현재의 짜장이 검은 까닭은 캐러멜을 넣었기 때문이에요. 캐러멜을 넣으면 오래 숙성하지 않아도 검고 윤기 흐르는 짜장 소스를 만들 수 있거든요. 요즘에는 중식당들에서도 직접 장을 담그기보단 시중에서 판매하는 소스를 많이 사서 쓴답니다.

면발처럼 긴 역사

파스타

기념일과 같은 중요한 날에는 평소 먹기 힘든 메뉴를 골라야겠죠? 분위기 좋은 식당에서 파스타 한 그릇은 어떨까요? 파스타에 얽힌 기나긴 역사까지 알아 둔다면 식사가 더 즐거울 거예요.

이탈리아도 놀라는 한국식 파스타!

　저는 파스타를 만드는 요리사예요. 벌써 25년도 전에 이탈리아로 유학을 떠나 본고장의 요리법을 배웠지요. 파스타는 한국인들에게도 가장 익숙한 양식일 겁니다. 그걸 직접 체험한 세대이자 요리사인지라 참 많은 기억이 있어요. 사실 파스타가 우리나라에 자리 잡기까지는 꽤나 복잡한 사연이 있답니다. 파스타가 국내에 소개될 때부터 지금까지, 유행과 입맛도 바뀌고 심지어 요리법도 꽤나 한국식으로 바뀌었거든요.

　여러분도 먹어 보았을 카르보나라스파게티가 대표적인 예시입니다. 한국식 카르보나라스파게티에는 크림을 넣어서 요리해요. 이탈리아 사람들이 알면 펄쩍 뛸 조리법이지요. 이탈리아에서는 크림을 넣지 않고, 달걀노른자와 치즈, 돼지의 머릿고기 부위를 절여 만드는 관치알레라는 부위를 쓰거든요. 이처럼 파스타는 한국에 오면서 한국적으로 변했어요. 하지만 그런 변화가 나쁘다는 건 물론 아니에요. 새로운 문화가 낯선 음식을 자기 식으로 받아들이는 건 자연스러운 변화지요. 이 얘기는 잠시 후에 더 하기로 하고, 일단 본격적으로 파스타 이야기를 시작해 볼까요?

국수 그 이상, 각양각색 파스타의 세계

여러분은 파스타가 어떤 음식인지 정확히 알고 있나요? 밀가루로 만든 이탈리아 국수라고요? 나쁘지 않은 답변입니다. 좀 더 구체적으로 이야기하면, 봉지에 들어 있는 딱딱한 노란색 국수를 삶아서 여러 가지 소스에 버무려 먹는 음식이라고 말할 수도 있겠네요.

네, 맞아요. 하지만 이게 파스타의 전부는 아니에요. 파스타의 세계는 훨씬 더 넓답니다. 국물에 넣어 먹는 파스타도 있고, 밀가루 대신 메밀로 면을 만들 수도 있어요. 봉지에 든 제품을 많이 쓰기는 하지만, 직접 반죽을 밀고 칼로 썰어서 만드는 파스타도 많고요. 칼국수처럼요. 이탈리아어로 파스타(pasta)라는 단어의 뜻도 원래는 '반죽'을 가리키는 보통명사라고 합니다. 그래서인지 면의 모양이나 굵기도 제각각이랍니다. 작고 입체적인 모양의 파스타도 있고요. 그러니 파스타는 '주로 밀가루로 만드는 다양한 모양의 국수를 소스에 버무려서 먹는 서양식 면 요리의 총칭'이라고 하면 될 것 같아요.

그중에서도 우리가 많이 먹는 파스타는 드라이 파스타, 즉 건(乾)파스타라고 할 수 있어요. 일반적으로 마트에서 파는 봉지 파스타가 바로 건파스타예요. 보통 500그램 단위로 포장되어 있고, 대부분 수입 제품이에요. 한국 브랜드를 달고 있는 경

파스타 생면의 모습

우는 보통 **오이엠** 상품이고요. 이탈리아나 기타 국가에서 제조한 상품에 우리나라 회사 상표만 달아서 판매하는 것이니까 이것도 수입이라고 봐야겠죠. 물론 한국에서 만드는 파스타도 있지만 양이 적고, 그마저도 대부분은 급식 등의 대량 소비용 제품이랍니다.

얼마나 많이, 얼마나 오래 먹을까?

한국인은 1년에 3~4킬로그램 내외의 수입 파스타를 먹어요. 그러면 파스타의 본고장, 이탈리아 사람들은 얼마나 먹을까요? 놀라지 마세요, 30킬로그램 이상입니다. 심지어 집에서 칼국수처럼 간편하게 만들어 먹는 양을 더한다면 훨씬 늘어날 거예요. 파스타 면의 장점 중 하나는 한번 만들어 두면 오랫동안 보관할 수 있다는 점입니다. 파스타 면의 유통기한은 보통 2년 또는 3년인데, 적절히 보관한다면 10년이 넘어도 상하지 않는다고 해요. 물론 이건 어디까지나 수분함량이 낮은 건파스타의 경우입니다. 세균 등의 미생물이 번식하려면 수분함량 또는 포함된 성분이 큰 영향을 끼치는데, 대부분의 건파스타

오이엠OEM Original Equipment Manufacturing의 준말로, 제조업체가 생산을 담당하고 완성된 제품은 주문자의 브랜드로 판매하는 방식

　　　　　　　　　　　　　　　　　　　　#5. 파스타

에는 소량의 수분 외에는 다른 성분이 없어서 오래 보관할 수 있어요. 게다가 파스타 면을 일단 건조시키고 난 뒤에는 수분이 잘 침투하지도 못한답니다. 그래서 파스타는 다른 면 요리에 비해 잘 붙지도 않는 거예요.

인스턴트 라면도 꽤 오래 먹을 수 있지만, 파스타에 비하면 유통기한이 상대적으로 짧다는 점도 깨알 같은 정보입니다. 라면은 튀긴 음식이어서 산패가 일어나거든요! 반면 일반 소면 같은 건조 국수는 튀긴 것이 아니고 수분함량이 상당히 낮아서 오래 보관이 가능합니다. 물론 되도록 유통기한을 지키는 게 좋겠죠?

인류의 역사에도 빼놓을 수 없는 파스타

파스타의 역사는 아주 오래되었어요. 고대 로마에도 밀가루 반죽을 얇게 펴서 삶아 먹는 음식이 있었지만, 오늘날의 건조한 파스타 개념은 아니었지요. 현대의 파스타는 아마도 이탈리아 남부의 건조한 지역인 시칠리아에서 9~12세기경 처음 만들어진 것으로 추정하고 있어요. 가까운 아랍의 영향을 받아 듀럼밀로 만든 반죽을 건조하기 시작한 거죠. 듀럼밀은 밀의 품종으로, 거칠고 약간 노란색을 띠어요. 이것을 갈아 만든

익숙한 비주얼의 볼로네제파스타

밀가루를 세몰리나라고 한답니다. 세몰리나는 우리가 자주 먹
는 일반 밀가루보다 더 귀해요. 듀럼밀은 다른 곡식에 비해 단
백질 함량이 높고 소화가 느리게 돼요. 이는 혈당이 오르는 속
도가 느리다는 뜻입니다. 혈당이 빨리 오르면 일시적으로 몸
에 활력이 돌지만, 사실 건강에는 좋지 않습니다. 파스타가 요
즘 주목받는 또 다른 이유기도 해요. 그래서 건파스타도 대부
분 일반 건조 국수에 비해 비싸답니다.

　　이렇게 건조한 국수는 어떤 면에서 유리할까요? 그렇죠,
바로 이동과 저장의 측면입니다. 역사가들은 파스타가 실크로

드 같은 동서 교류, 기타 지리상의 발견 같은 세계적인 이동 사건에도 영향을 주었다고 보고 있어요. 인류사에서 중요한 몫을 한 것이죠. 상하지 않고 가벼우며, 물만 있으면 먹을 수 있는 식량으로 건파스타만큼 훌륭한 것은 드물었어요. 게다가 무엇이든 재료를 더하면 맛과 영양도 보충할 수 있으니까요. 고기 비계와 소금, 익힌 채소를 넣어 함께 푹 끓인 파스타의 역사는 더 오래되었고, 소스와 치즈를 끼얹어 버무린 오늘날과 같은 파스타는 중세부터 널리 퍼져 나갔다고 추정하고 있어요.

그중에서도 역사적으로 유명한 파스타의 도시는 바로 이탈리아 남부의 항구도시 나폴리입니다. 오늘날 나폴리는 피자로 더 유명하지만 과거에는 파스타의 도시였어요. 겨울 외에는 비가 거의 오지 않아 아주 건조한 날씨 덕분에 국수를 말리기에는 최적의 장소이지요. 17세기 무렵 나폴리의 파스타 건조 기술이 곳곳으로 전파되는데, 날씨를 이용해서 그냥 길에서 말리는 방식이었어요. 옛날 사진을 찾아보면 대로변에서 파스타를 건조하는 장면을 쉽게 볼 수 있답니다. 우리나라로 치자면 종로나 광화문 같은 곳에서도 파스타를 널어 놓고 건조했던 셈이에요. 그 뒤로는 비슷한 기후의 다른 도시에도 파스타 공장이 생기기 시작해요. 20세기에 들어서는 제조 공정이 산업화되어서 공장에서 면을 뽑자마자 열로 말리는 방식이

도입되고요. 우리가 먹는 현대의 파스타가 탄생한 것이죠.

파스타 vs. 스파게티…
같은 음식, 다른 음식?

　여기서 한 가지 짚고 넘어갈 의문이 있습니다. 파스타와 스파게티는 같은 음식일까요, 다른 음식일까요? 자, 설명 들어갑니다. 파스타는 크게 수분함량을 기준으로 건조(드라이)와 생(프레시)으로 나눕니다. 또 모양으로는 쇼트와 롱으로 구분하고요. 우리가 마트에서 흔히 보는 봉지 스파게티가 바로 '건조 롱 파스타'입니다. 즉, 파스타는 모든 이탈리아식 밀가루 국수의 총칭이고 스파게티는 파스타의 한 종류입니다. 그렇다고 스파게티가 모두 건파스타를 뜻하는 건 아니에요. 스파게티는 '끈'이라는 의미인데, 길쭉한 모양을 갖춘 파스타를 스파게티라고 부르는 거예요. 당연히 생면 스파게티도 있어요. 이탈리아 현지에서는 많이 먹는 음식이죠.

　그러면 이탈리아 사람들은 쇼트 파스타와 롱 파스타 중에 무얼 더 많이 먹을까요? 반반 정도라고 해요. 스파게티에 익숙한 한국과 달리 쇼트 파스타의 비중도 상당한 셈이죠. 쇼트 파스타는 잘 붇지 않고 요리도 간편한 데다가 국수처럼 들러붙

　　　　　　　　　　　　　　　　　　　　　　#5. 파스타

지 않으니까 대량 급식에 유리해요. 그래서 이탈리아 학교에서 주는 급식은 쇼트 파스타가 많아요. 또 라자냐 같은 오븐에 구운 파스타, 만두처럼 속을 채운 파스타도 많이 먹고요. 이탈리아 부모님이 모처럼 솜씨를 내서 집에서 만드는 가정용 파스타는 대부분 생파스타와 오븐구이, 속을 채운 파스타로 구성되어 있어요. 가게에서 사오는 건파스타보다 정성이 들어가고 맛도 좋기 때문이지요.

이제 파스타와 스파게티를 구분할 수 있겠죠? 그런데, 동양의 국수와 이탈리아 파스타는 서로 어떤 관련이 있을까요? 재료, 만드는 방식, 기본적인 개념은 같아요. 아쉽게도 동서양의 국수가 역사적으로 어떻게 영향을 주고받았는지는 밝혀지지 않아 여전히 학자들이 연구 중입니다. 그래서 이탈리아 사람들은 자기들이 세계에서 가장 오래된 국수(파스타도 국수의 일종)를 개발했다고 주장하고, 중국 등에서는 자기 나라의 유적지에서 그보다 더 오래된 국수의 흔적을 발견했다고 말하고 있죠.

그럼 한국의 칼국수는 이탈리아식으로 보면 어떤 카테고리에 들어갈까요? '프레시 롱 파스타'가 정답입니다. 스파게티가 외래 음식인데 한국에 빨리 퍼져 나간 건 아마도 그 익숙한 모양 덕일지도 몰라요. 국수와 닮았으니까요. 소스에 버무린 스파게티는 비빔국수나 짜장면과 다를 바 없거든요.

소스 없는 파스타는 상상할 수 없어!

지금까지는 혼동을 피하기 위해 완성된 요리로서의 파스타와 파스타 면을 구분하지 않았는데요, 사실 파스타는 엄밀히 말하면 '파스타슈타를 재료로 소스를 첨가하여 완성된 요리'를 뜻해요. 즉, 아직 소스를 치지 않은 봉지에 든 스파게티는 '파스타슈타'인 셈이지요. 자, 그럼 파스타슈타에 얹어 먹는 소스에는 무엇이 있을까요. 통계는 없지만, 한국은 보통 토마토 미트 소스, 토마토 해산물 소스, 카르보나라 크림 소스, 알리오 올리오 정도가 가장 유명하죠. 그러면 이탈리아 현지에는 어떤 소스들이 있을까요?

이탈리아 사람들 역시 미트 소스를 많이 먹어요. 하지만 치즈와 버터, 와인이 들어가는 등 한국식 레시피와는 조금 다르죠. '탈리아텔레'라는 약간 넓적한 생파스타(한국의 칼국수와 비슷)에 버무린 것이 원조예요. 올리브유와 마늘 정도로 간단하게 양념한 알리오 올리오도 쉽게 만들어 먹을 수 있는 흔한 파스타예요. 알리오 올리오에는 올리브유 버터를 쓰기도 하는데, 이때는 마늘은 잘 넣지 않고 대신 가루 치즈를 뿌려 먹어요. 카르보나라도 현지 마트의 냉동식품 코너나 고속도로 휴게소에서 흔히 찾아볼 수 있는 인기 소스지요.

'페스토 제노베제'라는 소스도 유명해요. 제노베제란 '제노바식'이란 뜻입니다. 제노바는 이탈리아 북부의 항구도시예요. 이탈리아가 통일되기 전인 13세기 무렵에는 베네치아와 지중해의 권력을 두고 다투었던 해상무역의 거점 도시였죠. 이 소스는 바질과 잣, 올리브유, 가루 치즈로 만듭니다. 향이 아주 좋죠. 역시나 시중에서 많이 파는 소스예요. 한국도 수입을 많이 합니다. 그 밖에 그냥 토마토가 기본이 되는 소스도 아주 많아요. 베이컨을 넣은 아마트리치아나, 매운 고추를 넣은 토마토 피칸테 등이 있어요.

이탈리아의 파스타에는 수백 종 이상의 면과 소스가 있어

달걀노른자와 치즈를 넣고 이탈리아 정통 방식으로 만든 카르보나라파스타

요. 어쩌면 수천 종일지도 몰라요. 조금씩 변형되는 종류가 워낙 많아서 통계를 쉽게 낼 수 없을 정도지요. 한번 우리나라 배추김치의 종류를 세분화한다고 생각해 보세요. 집집마다, 지역마다, 식당마다 다른 조리법이 있어서 도무지 통계를 낼 수 없을 겁니다!

참, 이탈리아는 한국과 달리 피클을 먹지 않아요. 피클이 있기는 한데, 본격적인 식사에 앞서 나오는 전채 요리나 고기 요리의 곁들임으로 써요. 이탈리아 파스타에는 반찬이 따로 없어요. 한국에 온 이탈리아인들이 가장 헷갈리는(?) 지점이지요. 유럽의 다른 나라들도 파스타를 많이 먹는데, 역시 반찬을 곁들여 먹지는 않아요. 세계적인 파스타 소비국인 미국, 일본도 마찬가지고요. 파스타와 반찬을 같이 먹는 문화는 오직 우리나라에만 있답니다. 김치를 먹는 한국인의 관습 때문이에요. 주방장이 김치를 낼 수는 없으니까 오이피클을 담가 주기 시작했던 것이죠. 2000년대 들어서는 멕시코 원산의 고추인 할라페뇨를 주기도 하는데, 오해는 금물! 이 또한 한국식이에요. 가격이 저렴할뿐더러 매운맛이 우리 입에 잘 맞았기 때문이죠.

호불호의 만남
카레

특유의 노란 빛깔과 진한 향기! 감자, 당근, 호박, 고기를 큼직하게 썰어 넣고, 밥과 함께 먹으면 한 끼 뚝딱! 우리에게 가장 익숙한 인도 음식, 카레에는 과연 어떤 이야기가 숨어 있을까요?

인도에서 '카레'를 주문하면?

퀴즈를 하나 내겠습니다. 인도에는 카레가 있을까요?

정답은 '있을 수도 없을 수도 있다.'입니다.

조금 당황스러울 수도 있어요. 우리는 보통 카레를 인도의 대표 음식이라고 알고 있으니까요. 실제로도 카레의 뿌리는 인도입니다. 하지만 우리가 부르는 '카레'라는 이름에는 복잡한 역사가 얽혀 있어요.

카레라는 말의 기원은 남인도 지역에서 널리 쓰는 타밀어에서 찾을 수 있어요. 타밀어로 '카리(kari)'는 '국물 있는 반찬'이나 '양념한 소스'를 뜻하는 단어예요. 인도는 한때 영국에 의해 식민 지배를 당하였는데, 영국의 동인도회사를 통해 이 단어가 본국에 알려지면서 영어식 발음인 '커리(curry)'가 된 것입니다. 이것이 다시 일본을 거쳐 우리나라로 들어오면서 '카레'로 굳어졌고요.

하지만 인도 현지에서는 커리라는 단어를 잘 사용하지 않아요. 대신 각 요리의 고유한 이름을 씁니다. '달', '사브지', '마살라' 등이 그런 이름이에요. 물론 인도의 공용어 중 하나가 영어이고, 커리라는 말이 세계적으로 널리 퍼졌기 때문에 현지에서도 알아듣긴 해요. 하지만 외국인 관광객들에게 선전할 때가 아니라면 인도 사람들끼리 일상적으로 쓰는 말은 아니라

는 거죠. 그러니 인도에는 카레가 없다고 해도 맞고, 실제로 비슷한 반찬(걸쭉한 향신료 소스)이 있으니까 또 있다고 해도 맞는 얘기입니다.

그렇다면 인도 사람들은 왜 비슷한 종류의 요리들을 한 단어로 묶어서 부르지 않을까요? 이유는 간단합니다. 향신료를 블렌딩(여러 재료를 섞어서 새로운 맛이나 향을 만들어 내는 것)하여 맛을 내는 점은 기본적으로 모두 같지만, 각각의 요리가 저마다 다양한 맛을 내기 때문이에요. 집집마다 다르고 식당마다 다른 맛인 거죠(물론 우리 같은 외지인의 입맛에는 비슷하게 느껴질 수도 있지만요). 현지의 카레는 가람 마살라, 커민, 코리앤더, 강황, 고추, 계피, 후추 등 수많은 향신료를 갈아서 섞어 만드는데, 배합 비율이 정해진 게 없고 입맛 따라 변한답니다.

물론 한국식 또는 일본식 카레와 현지의 카레가 다른 점은 이름만이 아니에요. 결정적 차이는 바로 농도입니다. 인도식 카레는 짭짤하고 양이 적은 반면 한국과 일본식 카레는 국물 양이 많아요. 한국식은 농도가 진하고, 인도식은 지방에 따라 다르고, 일본식은 보통 농도가 좀 묽어요. 매운맛은 각기 다른데, 일반적으로는 우리나라 카레가 의외로 덜 매운 편입니다. 인도식 카레는 대부분 상당히 매워요.

커리는 어떻게 세계를 정복했을까?

커리의 기원은 고대 인도까지 거슬러 올라갑니다. 기원전 2000년 무렵 인더스문명의 유적지에서도 강황, 생강, 마늘 등을 섞은 향신료 요리의 흔적이 발견된 바 있어요. 이후 무굴제국과 이슬람의 영향으로 더욱 다양해지던 커리 요리는 영국을 거쳐 유럽에 전파됩니다. 사실 서유럽 국가들의 식민지 경쟁의 주된 이유 중 하나가 인도의 향신료이기도 했어요. 동양에

영국의 대표 음식이 된 치킨티카마살라

서 들여온 각양각색의 향신료는 서유럽의 식문화를 완전히 뒤바꾸어 놓았거든요.

지금은 영국은 물론이고 유럽 대부분의 나라가 커리를 먹고 있어요. 특히 인도와 스리랑카 등 커리 문화권에서 건너온 이민자들이 차린 식당이 아주 많습니다. 값싸고 편리하게 접할 수 있는 음식이 된 것이지요. 음식의 전파 과정이 늘 그렇듯이, 커리는 점점 현지인들의 입맛에 맞춘 사실상의 로컬 음식이 되었습니다. 특히 영국에서 커리는 거의 국민 음식 대접을 받습니다. 영국에서 탄생한 오리지널 커리도 있어요. 대표적인 사례가 바로 치킨티카마살라입니다. 인도의 탄두리치킨이

뻑뻑하다며 영국에서 커리 소스를 곁들여 뿌려 먹은 것이 그 시작인데, 인도에는 없는 커리예요. 2001년, 당시 영국 외무 장관이었던 로빈 쿡은 이 요리를 가리켜 "현대 영국의 국민 요리"라고 말하기도 했죠.

영국식 커리는 일본에도 큰 영향을 주었습니다. 19세기 후반, 나라의 문을 열고 근대적인 군대를 만드는 과정에서 일본은 영국과 수교를 맺었어요. 영국의 강력한 해군력과 기술을 도입하기 위해서였지만, 그 과정에서 영국 해군의 커리 식단도 받아들이게 되었습니다. 바다 위에서 장기간 항해하는 병사들에게 필요한 영양분을 공급하기 위해 만들어진 이 '해군 커리'는 일본식으로 재해석되었고, 지금도 대표적인 병영 식품으로 여겨지고 있습니다. 해군 커리는 군대의 울타리를 넘어 시중에서도 인기를 끄는 음식이에요. 세계 최초의 레토르트 카레(즉석 카레)도 일본에서 개발되었습니다. 참고로 커리를 '카레'로 부르기 시작한 것도 일본이었습니다.

고급 요리에서 3분 카레까지, 한국 카레의 변천사

돈가스와 마찬가지로 카레도 일제강점기에 우리나라에 소

개되었습니다. 오늘날에는 편하게 찾아 먹을 수 있는 음식이지만 그 당시에는 고급 요리였어요. 호텔이나 백화점 등에서만 맛볼 수 있는 특별 메뉴였고 양식으로 분류되었죠. 설렁탕보다 무려 열 배 이상 비쌌다고 합니다. 게다가 당시 조선 사회는 쌀밥보다는 보리밥이나 잡곡밥을 주로 먹던 시절이었기 때문에, 카레라이스는 생소하고 낯설게 느껴졌습니다.

카레가 보통 사람들에게도 익숙한 음식이 된 것은 6·25전쟁이 끝난 뒤부터였어요. 미군의 영향과 일본과의 교류 재개를 통해 양식이 조금씩 퍼지기 시작합니다. 주한 미군의 구호식품에 포함된 향신료나 고형 카레가 한국인들의 식탁에 천천히 스며들었고, 일본에 유학을 다녀왔거나 귀국한 교포들이 일본식 카레 요리법을 들여오면서 점차 일반 가정으로도 전파됩니다. 당시 신문을 보면 카레라이스 만드는 법을 많이 소개하고 있어요. 저도 어린 시절 중학교 교과서에서 카레라이스 만드는 법을 보았던 기억이 있습니다. 카레라이스가 대중 속으로 들어온 보편적인 메뉴가 되었다는 뜻이지요. 1970년대 들어 즉석 라면, 통조림, 분말 수프 등 가공식품이 보급되면서 분말형 카레도 크게 인기를 얻었어요.

그렇지만 카레가 우리나라 사람들에게 받아들여지는 과정이 순탄하지만은 않았습니다. 카레는 강한 향으로 인해 호불호가 갈리는 음식이니까요. '잡탕국 같은 맛'이라며 거부감을

1968년 《주간한국》에 실린 오뚜기 카레 분말 제품 광고

가지는 어른들도 많았고요. 그럼에도 카레는 아이들 위주로 점차 인기를 얻게 됩니다. 저는 어린 시절에 누나가 해 주던 카레 맛을 잊을 수 없어요. 하지만 당시 부모님은 별로 좋아하지 않았던 기억이 납니다.

게다가 카레는 만드는 과정이 꽤 번거로웠습니다. 재료를 기름에 볶고 가루를 풀고 오래 끓이면서 저어야 하거든요. 그러던 와중 오뚜기 '3분 카레'가 1981년에 출시되었습니다. 카레를 훨씬 더 간편하게 먹을 수 있게 만든 희대의 히트 상품이었죠. 아직까지도 인기가 높으니까요. 결국 한국인들의 입맛을 사로잡는 데 성공한 카레는 1990년대부터는 학교 급식에도 자주 등장하게 됩니다. 일본식 카레를 바탕으로 하되, 우리 입맛에 맞게 맵고 진하게 맛이 달라지기도 했어요.

2000년대 들어서는 일본이나 영국식이 아닌 인도식 카레를 맛보는 것도 어렵지 않게 되었습니다. 네팔, 인도 출신의 현지 요리사가 한국에 직접 차린 가게들이 많이 생겼습니다. 한국식 카레와는 다른 색다른 맛을 느낄 수 있죠. 요즘에는 카레를 다채롭게 응용한 퓨전 요리도 만들어지고 있어요. 카레우동, 카레돈가스, 카레볶음밥, 카레덮밥, 카레파스타 등이죠. 요즘은 카레를 건강식품으로 먹기도 합니다. 카레의 주재료인 강황에는 커큐민이라는 성분이 포함되어 있는데, 염증을 차단하는 커큐민의 효과가 알려지면서 카레가 건강식으로 조명받고 있지요. 또한 채소만 넣은 비건카레, 콩고기를 활용한 카레, 현미밥과 함께 먹는 웰빙 스타일의 카레라이스도 점점 늘어나고 있습니다. 여러분은 어떤 카레를 가장 좋아하나요?

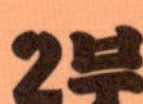

아, 출출해 간식 먹어야지

우리 빵지순례 갈래?
빵

'빵돌이', '빵순이'라는 말을 다들 알죠? 빵에 빠진 사람들을 일컫는 말이잖아요. 저도 빵을 아주 좋아합니다. 밥 배, 빵 배 따로 있는 것이 '국룰'이죠. 그런데 한반도에서 논농사 짓고 밥해 먹던 한민족 중에 빵돌이, 빵순이가 어찌 이리도 많아졌을까요?

양떡이 뭐야?

빵은 기원전 6000년 무렵 서남아시아의 메소포타미아 지역에서 처음 먹은 것으로 추정됩니다. 메소포타미아 사람들이 야생 밀을 빻아서 죽을 지어 먹다가, 밀에 수분이 닿으면 부푼다는 것을 알게 된 뒤 납작한 빵을 굽기 시작했다고 해요. 불을 사용하는 기술이 발전해 화덕을 사용하고, 동물의 젖으로 버터를 만들 수 있게 되면서 신의 선물 같은 폭신한 빵과 바삭하고 달콤한 과자가 인류의 입으로 들어오게 되었습니다.

빵이 한반도에 들어온 것은 언제부터일까요? 1885년 미국의 선교사인 호러스 그랜트 언더우드의 가족이 한반도에서 처음으로 빵을 구웠다는 말이 있습니다. 또 대한제국 시기 고종의 총애를 받던 프랑스계 독일인 손탁이 황제의 식탁에 빵을 올렸다는 설도 있죠. 그전에 청나라를 탐방하고 온 사신이 빵을 가져왔다는 말도 있습니다. 실제로 카스텔라 같은 빵을 맛보았다는 조선 사신의 기록도 남아 있고요. 공인된 사실은 아니지만 1653년 제주도에 표류한 네덜란드인 하멜이 동료들과 빵을 구웠다고도 합니다. 만약 이것이 진짜라면 한국의 제빵 역사는 크게 앞당겨질 거예요.

조선 후기 일제의 마수가 점점 다가오던 무렵, 일본과 청나라를 통해 빵이 본격적으로 우리 땅에 들어옵니다. 일본은 서양에서 받아들인 빵을 한반도에 전파시켰습니다. 단팥빵이 대표적이에요. 서양 빵이 들어오자 우리 민족은 많이 당황했습니다. 밀가루는 익숙한데, 그것이 봉긋 부풀어 오른 빵은 금시초문이었으니까요. 이름조차 낯설어 처음에는 빵이라 하지 않고 서양에서 온 떡, 줄여서 '양떡'이라 불렀습니다.

1910년 일제가 조선을 강제로 병합한 뒤 식민지를 만들기 위해 도로, 철도, 발전소, 통신 시설 등 인프라를 구축하면서 일본 상인들도 조선에 대거 유입되었습니다. 그렇게 일본의 소비문화가 한반도에 들어왔고, 그중에는 제과점도 포함되어 있었습니다. 이 당시 서울 곳곳에서 고소한 빵 냄새가 풍기기 시작했고, 사람들은 점점 빵 맛에 길들었답니다.

구호물자에서 싹튼 빵

제2차 세계대전에서 일제가 처참하게 패망한 뒤 한반도에는 미군이 주둔하게 됩니다. 미군은 경제 안정을 위해 밀가루와 설탕, 기름 등의 구호물자를 한반도에 공급했고 이 덕분에 우리는 국수도 만들고 빵도 구워 먹었습니다. 일본인들이 버려 두고 간 제빵 시설을 알차게 이용했죠. 지금 우리의 제과·제빵 기술 발전은 이 시기부터 시작되었다고 해도 과언이 아닙니다. 여기에 더해, 미국은 한국에 제빵 기술자를 파견해 교육하는 등 제빵 산업 발전을 견인했습니다.

미국은 왜 이렇게 우리를 적극적으로 도왔을까요? 미국에 남아도는 밀가루를 팔기 위해 한반도라는 새로운 시장을 개척한 것이죠. 한국 경제가 발전해 미국과 같이 자본주의 국가로 자리매김했으면 하는 바람도 있었을 거예요. 자본주의와 공산주의 진영이 냉혹한 체제 경쟁을 벌이던 시기니까요.

한국이 6·25전쟁의 상처를 딛고 경제적 기틀을 잡아 가던 1960년대, 빵과 함께 케이크가 등장했습니다. 이즈음부터 생일 등을 축하할 때 케이크를 자르고, 크리스마스에도 케이크를 나눠 먹는 서양 풍습이 퍼지게 됩니다. 빵이 본격적으로 유입되던 일제강점기에도 없던 문화였어요. 아마도 한국에 주둔하던 미군의 영향일 겁니다.

부드럽고 폭신한 스펀지 빵에 설탕을 섞은 버터크림으로 장미, 이파리, 레이스 등 화려한 장식을 짜서 올린 각양각색의 화려한 케이크가 우후죽순 등장했습니다. 몇 년 전 흥행한 TV 드라마 〈응답하라 1988〉에 나오기도 했죠. 주인공 덕선과 정봉이 입가에 크림을 가득 묻히고 경쟁하며 먹던 그 케이크 말이에요! 케이크는 이후 오랫동안 한국의 제빵 문화를 이끌어 갔습니다.

맛도 향도 식감도 다른, 각양각색 빵 열전

화려한 케이크도 좋지만, 빵의 기본은 누가 뭐래도 식빵입니다. 식빵이란 말 그대로 '식사용 빵'이라는 뜻입니다. 빵을 주식으로 삼는 유럽과는 달리, 우리나라에 처음 소개될 당시에는 달콤한 간식용 빵이 많았기 때문에 식사용 빵을 따로 구분하기 위해 그런 이름이 붙은 거예요.

그러면 빵의 본토에서는 어떤 빵들을 주로 먹을까요? 빵의 원조라면 많이들 바게트를 떠올릴 겁니다. '바게트'라는 이름은 길고 가느다란 모양에서 비롯되었습니다. 프랑스어로 '막대기'라는 뜻이죠. 바게트는 겉이 매우 바삭하고 속은 쫀득하며 기포가 촘촘하게 들어찬 질감이 특징입니다. 지난 2024년 저는 한국 바게트 챔피언십에서 결승 심사위원을 보게 되었습니다. 프랑스 최고의 제빵사들, 특히 같은 년도 프랑스 대회의 챔피언도 한국에 와서 이 대회 심사를 함께 했어요. 프랑스 제빵사들도 한국의 높은 제빵 실력에 놀라움을 감추지 못했습니다. 옛날이라면 예의상 하는 말이려니 했겠지만, 이제는 우리나라 제빵도 상당한 수준에 이르러 원조의 맛에 뒤지지 않습니다.

바게트의 재료는 아주 단순합니다. 밀가루, 소금, 물, 이스트만 넣고 만들어요. 오히려 그렇기 때문에 잘 만들기는 더 어려운 빵이기도 합니다. 반죽과 발효, 굽는 방식에 따라 맛과 향이 크게 달라집니다. 특히 몇 번씩이나 발효를 거듭하고, 접고 누르는 과정을 반복해야 하죠. 대신 잘 만든다면 누구나 편하게 먹을 수 있는 빵이기도 하고요.

재미있게도 프랑스에서는 바게트의 값을 '1유로 이하'로 책정해야 한다는 사회적 합의가 있었어요. 원재료 가격의 상승으로 최근에는 바게트값도 소폭 올랐지만, 그럼에도 여전히 아주 싼값에 팔립니다. 이는 바게트에 대한 국민적 사랑과 더불어 기본적인 식사만큼은 누구나 어렵지 않게 할 수 있어야

한다는 국가적 합의를 보여 주는 것입니다. 2008년 금융 위기, 2022년 에너지 위기를 겪을 때에도 프랑스 대형 마트와 제과 협회가 가격 동결을 선언하기도 했습니다. '바게트 빵과 그를 둘러싼 장인 정신·문화'가 유네스코 인류무형문화유산으로 등재된 것도 이런 배경이겠죠.

이탈리아에도 프랑스의 바게트에 필적할 대표 빵이 있습니다. 바로 치아바타예요. 치아바타는 이탈리아어로 '슬리퍼'라는 뜻인데, 납작하게 퍼진 모양이 슬리퍼처럼 생겨서 붙은 이름입니다. 저는 1999년에 이탈리아의 요리 학교에서 치아바타 만드는 법을 배웠습니다. 치아바타를 먹어 본 친구들은 알겠지만, 식감이 아주 쫀쫀한 빵이에요. 만드는 입장에서도 다른 빵과 달리 아주 반죽이 질고, 하룻밤 재워야 해서 손이 많이 가는 힘든 빵이었습니다. 대신 이렇게 정성 들여 만들기 때문에 속은 촉촉하고 기포가 크며 겉은 얇고 바삭한 특유의 식감이 탄생합니다. 다른 빵들보다 더 고소하고 담백한 맛이 있으며, 올리브유나 허브를 넣기도 하죠. 최근에는 건강한 빵을 찾는 사람들 사이에서 인기입니다. 샌드위치용 빵으로도 적합해서 아주 잘 팔리는 빵이죠. 빵 자체는 심심한 편이지만, 속 재료가 따로 있는 샌드위치에는 그런 심심함이 오히려 더 잘 어울리죠. 담백함과 단순함이 매력적인 빵입니다.

이렇게 맛있다고? K-제과·제빵

오늘날 한국 빵은 다른 나라들과 차별화되는 아주 독특한 문화를 이루고 있습니다. 일본의 영향을 받은 빵과 중국의 영향을 받은 꽈배기·호떡, 그리고 유럽 여러 나라에서 건너온 빵과 과자가 두루두루 영향을 미치면서 'K-제과·제빵'이 탄생했죠.

우리나라 제과·제빵 장인 중에는 1970년대 일본에서 기술을 배워 온 사람들이 많아요. 그들은 나무를 본떠 만든 바움쿠헨 같은 별난 독일 빵, 마들렌과 피낭시에 같은 프랑스 과자를 한국에 전파하는 데 큰 역할을 했습니다. 이를 지켜보던 식품 회사들은 동네 제과점에서 판매하던 각종 빵과 과자를 공장에

독일과 프랑스의 간식, 바움쿠헨, 마들렌, 피낭시에

서 생산해 프랜차이즈 빵집과 마트에서 팔기 시작합니다.

프랜차이즈 빵집의 공세에 맞서려면 제과·제빵사들은 새 기술로 무장해야겠죠? 1980년대 이후 제과·제빵사들은 프랑스, 미국 등에서 세련된 기술을 배워 왔습니다. 이들은 바게트를 비롯해 팽 드 캉파뉴(호밀 가루와 밀가루를 섞은 뒤 천연 이스트를 첨가해 구운 시골 프랑스 빵)와 치아바타를 전파시키고 마카롱과 밀푀유(밀가루 반죽을 여러 겹의 층 구조로 만들어 바삭하게 구운 프랑스 과자)로 대표되는 다양한 고급 과자도 선보입니다.

물론 국내에서 공부한 제과·제빵사들도 연구를 게을리하지 않았어요. 그들은 독자적인 기술과 아이디어로 저마다 새로운 과자와 빵을 선보였죠. 마카롱에 크림이나 속을 풍성하게 넣은 K-마카롱, 일명 '뚱카롱'을 보세요. 마카롱의 본고장 프랑스의 기술자들도 뚱카롱의 맛과 모양에 놀랐다고 합니다.

#7. 빵

한편 지역 명물이 적어 '노잼 도시'로 유명했던 대전은 터줏대감 제과점 '성심당'을 내세워 빵 터지는 '유잼 도시'로 거듭나기도 했습니다. 성심당은 다른 곳에선 만날 수 없는 튀김소보로와 부추빵을 판매하는데, 2021년부터는 성심당을 비롯한 여러 대전 빵집들이 자신들만의 개성 있는 빵을 홍보하며 빵 축제를 열고 있어요. 전국 각지의 '빵순이', '빵돌이'들에게 '빵지순례'라는 뜨거운 반응을 얻고 있답니다. 여러분도 대전에 가게 된다면 빵지순례에 꼭 참여해 보세요.

크림빵부터 베이글까지, 우리의 '최애'는 무엇?

지금까지 많은 빵을 살펴보았습니다. 이 중에 여러분이 가장 좋아하는 빵도 있었나요? 아직 없었을 수도 있으니, 한국인들이 사랑하는 빵을 조금만 더 살펴보겠습니다.

전통적으로 우리나라에서는 크림빵이 아주 인기였어요. 나이가 좀 있는 어른들에게 크림빵은 각별한 추억을 불러일으키기도 하죠. 노란색 커스타드 크림을 넣은 크림빵의 맛은 아주 일품이었습니다. 커스타드는 계란과 버터 등으로 만드는 크림의 일종이에요. 한국의 제과점 문화에서 크림빵은 단팥빵과 함께 '투톱'의 위치를 공고히 지켜 왔어요(물론 식빵을 제외했을 때의 이야기입니다). 요즘은 단팥크림빵, 초코크림빵, 우유크림빵 등 다양한 변형도 많이 나와 있습니다. 전통적인 '최애' 빵이라면 소보로빵도 빠뜨릴 수 없죠. 부드러운 빵 위에 달고 바삭한 크럼(부스러기)을 올려 구운 빵으로, 겉은 바삭하고 속은 촉촉한 반전 매력이 있습니다. 요즘은 땅콩크림, 단팥, 버터크림 등 마치 크림빵처럼 속을 채운 이색 소보로빵도 많이 볼 수 있습니다.

한편 요즘 빵의 세계에서 가장 뜨거운 스타는 아마도 베이글 아닐까요. 겉보기엔 평범하지만, 특별한 제조 방법을 가진 빵입니다. 반죽을 오븐에 굽기 전에 한 번 끓는 물에 데치기 때문에, 겉은 쫀득하고 속은 촘촘한 식감이 만들어집니다. 원래는 동유럽 유대인들이 먹던 전통 빵이었는데, 이들이 미국 뉴욕으로 이민을 간 뒤부터 이 빵을 만들어 팔면서 크게 유행하게 되었어요. 한국에는 2000년대 이후 브런치 문화와 함께 퍼지기 시작했습니다. 베이글은 치즈, 연어, 햄 등을 넣은 샌드위치용으로도 많이 사용됩니다.

크림빵, 소보로빵, 베이글, 그리고 성심당과 같은 개성 있는 빵집들의 등장까지, 한국의 빵은 단순한 간식을 넘어 하나의 문화로 자리매김하였습니다. '양떡'이라는 이름부터 구호물자를 지원받던 시대를 거쳐 브런치 문화에 이르기까지, 빵에는 시대의 변화가 켜켜이 쌓여 있습니다.

프랑스 작가 마르셀 프루스트의 소설 『잃어버린 시간을 찾아서』의 주인공 마르셀은 우연히 마들렌 한 조각을 입에 넣은 것을 계기로 잊고 있던 과거의 기억을 떠올립니다. 우리도 그처럼 크림빵 하나, 케이크 한 조각을 입에 넣으며 일제강점기부터 오늘날까지의 우리 역사를 되새겨 보면 어떨까요? 아니면 빵에 얽힌 각자의 추억을 떠올려 봐도 좋을 거예요. 물론 부드럽고 달콤한 맛을 음미하는 것은 기본이겠죠.

더위까지 사르르 녹이는
아이스크림

여름철에 가장 즐겨 찾는 먹을거리는 역시 아이스크림 이죠. 스르르 녹아내리며 입안을 차갑게 얼리는 맛! 여 기에 달콤함까지 더해져 자꾸만 혀를 끌어당기죠. 부드 럽고 시원하면서도 달콤한 세계로 함께 들어가 봅시다!

다 같은 아이스크림이 아니다?

차가운 아이스크림은 무더운 날씨에 최고의 즐거움을 주는 먹을거리입니다. 아기가 본능처럼 젖을 찾아 입을 대는 이유는 모유에 단맛이 있어서예요. 젖을 먹고 무럭무럭 자랄 수 있도록 맛이 설계된 것이죠. 아이스크림은 인간이 태어나면서부터 지닌 단맛에 대한 갈망을 채워 줍니다.

시원하면서도 달콤한 맛! 아이스크림은 그야말로 여름철 '끝판왕'이라 불릴 만합니다. 제가 어렸을 때는 여름에 밥 대신 하드를 입에 달고 사는 친구들도 많았습니다. 그 시절 우리에게 익숙한 얼음과자는 역시 하드였거든요. 아, 물론 엄마한테 엄청나게 혼났죠. 하지만 아이들이 아이스크림 맛에 끌리는 건 너무나 자연스러운 현상입니다. 단맛을 향한 인체의 갈망은 그대로이고, 어릴수록 순간의 달콤함에 끌리니 간식의 유혹에 넘어가기도 쉬워요.

그런데 인류는 언제부터 아이스크림을 먹기 시작한 걸까요? 옛날 사람들도 더위를 식힐 음식이 필요했을 거예요. 기원전 4세기경, 마케도니아의 알렉산더 대왕은 알프스산맥에서 가져온 만년설에 과일과 꿀을 얹어 먹었다고 합니다. 이게 바로 과즙에 물, 우유, 설탕 등을 섞어 얼린 '셔벗(sherbet)'의 기원이에요.

　여기서 짚고 넘어갈 점이 하나 있습니다. 보통 우리는 하드나 셔벗까지 통틀어 '아이스크림'이라고 부르지만, 엄밀히 따지면 이것들은 아이스크림이 아닙니다. 자고로 '크림'이란 우유에서 얻는 지방을 뜻합니다. 한마디로 유지방을 포함하지 않으면 아이스'크림'이 아니라는 거예요. 이는 식품 관련 법에도 명시되어 있습니다. 유지방이 일정량 이상 들어 있어야 진짜 아이스크림이라고요. 얼음을 기본으로 하더라도 유제품이 섞이지 않은 얼음과자는 아이스크림이 아니에요. 하지만 일상적으로는 하드, 셔벗처럼 일일이 종류별로 구분할 필요가 없으니, 모두 '아이스크림'이라고 부르다가 그대로 굳어진 것입니다. 게다가 사실 '하드'라는 표현은 우리나라에서만 쓰는 표현이에요. 미국에서는 보통 이러한 막대 아이스크림을 '팝시클

#8. 아이스크림

(popsicle)’이라고 부른답니다. 팝시클은 원래 특정 브랜드의 이름이었는데, 자주 쓰이다 보니 일반명사처럼 자리 잡았어요. 한편 영국에서는 이것을 ‘아이스 롤리(ice lolly)’라고 불러요. 만약 해외에서 ‘하드’를 먹고 싶다면 용어에 주의해야 합니다.

들고 먹는 즐거움, 바삭한 콘 아이스크림의 탄생

한편 아이스크림 하면 빠질 수 없는 단짝이 있죠. 바로 콘입니다. 바삭한 콘에 아이스크림을 담아 먹기 시작한 것은 1904년 미국 세인트루이스 국제박람회에서였습니다. 당시 아이스크림을 팔던 한 가게가 접시를 다 써 버리자, 인근에서 파는 얇게 구운 와플을 말아 아이스크림을 담아 주었고, 이 방식이 폭발적인 인기를 얻었다는 일화가 전해집니다. 다만 이 일화는 사실이 아닐 가능성이 커요. 그보다 앞선 시기에도 와플 위에 아이스크림을 얹어 먹기 시작했다는 기록들이 있거든요. 하지만 콘 아이스크림이 20세기 초 미국에서 본격적으로 대중화된 것은 분명한 사실입니다.

이후 1930년대 들어 콘 아이스크림은 미국 전역에 퍼졌습니다. 콘에 초콜릿을 코팅해 아이스크림이 새지 않게 하고, 냉동 보관 중에도 바삭함을 유지할 수 있도록 여러 기술이 개발되었죠. 오늘날 흔히 볼 수 있는 초코 코팅 콘은 바로 이때 만들어진 기술이 지금까지 이어져 온 결과입니다. 우리나라에서는 1970년 해태아이스에서 출시한 '부라보콘'을 시작으로 수많은 콘 아이스크림이 출시되었어요.

콘 아이스크림은 단순히 모양이 다른 아이스크림이 아니라, 산업화와 유통 기술의 발전이 만들어 낸 식문화의 산물입니다. 손에 들고 걸으면서도 먹을 수 있다는 장점, 부드러운 아

맛.잘.알 kick

맛 안 보고 맛있는 아이스크림 고르는 법

편의점 냉장고 앞에서 우리는 고민에 빠집니다. 어떤 제품을 골라야 원하는 맛을 찾을 수 있을까요? 식품위생법을 참고하면 조금이나마 도움이 될 거예요. 우선 법이 정한 분류표를 살펴봅시다.

• **아이스크림:** 유지방분 6% 이상, 유고형분 16% 이상의 것
• **저지방아이스크림:** 조지방 2% 이하, 무지유고형분 10% 이상의 것
• **비유지방아이스크림:** 조지방 5% 이상, 무지유고형분 5% 이상의 것

- **아이스밀크**: 유지방분 2% 이상, 유고형분 7% 이상의 것
- **셔벗**: 무지유고형분 2% 이상의 것
- **빙과**: 먹는 물에 식품 또는 식품 첨가물을 섞어 얼린 것

제품 포장지 뒷면의 성분표를 보면 각각의 제품이 어떤 식품 유형에 속하는지 알 수 있습니다. '유고형분'은 우유에서 수분을 제외한 나머지(유당, 유지방, 유단백질 등)로, 많을수록 맛이 진하고 풍부해져요. 여기서 유지방을 뺀 것이 '무지유고형분'인데, 주로 고소하고 담백한 맛을 냅니다. '조지방'은 음식에 들어 있는 모든 지방 성분을 말하며, 함유량이 높으면 부드러운 맛이 나고요.
혀에서 살살 녹는 풍부한 크림 맛을 즐기고 싶다면 유지방이 10퍼센트 이상 들어간 '아이스크림'을 선택해 보세요. 최근엔 유지방이 다이어트에 좋지 않다는 인식이 퍼지면서 아이스크림 대신 셔벗이나 빙과를 찾는 사람이 늘었지만, 사실 셔벗이나 빙과도 살을 빼는 데 도움이 되지 않기는 마찬가지입니다. 게다가 차가운 얼음과자들은 다른 과자보다 설탕이 더 듬뿍 들어가 있답니다. 다이어트를 의식한다면 설탕을 대체하는 감미료로 단맛을 보완한 제품을 선택하길 권해요. 물론, 참는 것이 가장 좋겠죠?

이스크림과 바삭한 콘이 만들어 내는 이중 식감, 끝까지 달콤한 마무리까지. 콘 아이스크림은 오늘날에도 여전히 가장 인기 있는 아이스크림 형태 중 하나입니다.

유지방이 비교적 적지만 무지유고형분 함량이 높아 쫀득한 젤라토 아이스
크림

얼린 크림? 아! 아이스크림

서벗을 처음 먹은 것이 알렉산더 대왕이라면, 아이스'크림'은 어디에서 처음 만들어졌을까요? 원조를 주장하는 나라는 많습니다. 이탈리아는 자신들의 **젤라토**가 아이스크림의 원조라고 말합니다. 프랑스는 17세기 태양왕 루이 14세 시절에 이미 후식으로 아이스크림을 즐겼다고 주장하고요.

정답을 가리기는 어렵지만, 분명한 것은 '아이스크림'이라는 이름은 영국에서 유래했다는 사실입니다. 1688년 영국의 옥스퍼드 사전에 '얼린 크림(iced cream)'이 처음 등장했고, 이것이 편의상 '아이스크림(ice cream)'으로 변한 거예요. 실제로 영국에서 아이스크림의 인기는 대단했습니다.

아이스크림 산업은 이후 미국에서 크게 성장했어요. 그 바탕에는 냉장 시설과 냉동차의 발달이 있었죠. 움직이는 냉장 시설 덕분에 비로소 아이스크림을 깡깡 얼린 채로 장거리도 운송할 수 있게 됐으니까요.

그러나 한번 녹은 아이스크림은 최신 냉장고도 살릴 수 없습니다. 깜빡하고 아이스크림을 냉동실 밖에 둔 경험이 있나요? 이때 다시 냉동해 봐도 원래의 맛은 나지 않는답니다. 녹

젤라토 우유·달걀·설탕과 천연 재료를 넣어 만드는, 신선하고 지방 함량이 낮은 이탈리아의 아이스크림

으면서 얼음 속 공기가 빠져나간 탓이에요. 이 상태로 다시 얼리면 버석버석한 얼음 알갱이만 씹힐 뿐이죠. 마치 셔벗처럼요! 아이스크림 맛의 비결은 보이지 않는 재료, 공기에 있다고해도 과언이 아닙니다. 아이스크림을 만들 때는 반죽을 계속휘저어 주는 게 핵심이에요. 그래야 공기가 충분히 들어가거든요. 반죽 안에 공기층이 잘 생겨야 아이스크림 특유의 가볍고 부드러운 식감이 만들어집니다.

저어라, 그러면 얼으리라

집에서도 얼마든지 아이스크림을 만들 수 있습니다. 저도 레스토랑에서 아이스크림을 직접 만들어 손님께 대접하거든요. 만드는 방법도 간단합니다. 통에 재료를 넣고 계속 휘저은뒤 얼리면 끝이에요. 재료는 크림, 달걀노른자, 설탕이면 충분합니다. 여기에 땅콩, 아몬드 가루, 과일, 바닐라, 초콜릿, 요구르트 등 좋아하는 재료를 더 넣어도 좋고요.

상상력을 한 숟가락 더해서 새로운 맛을 창조해 볼까요? 고추장 아이스크림은 어때요? 이상할 거 같나요? 사실 제가만들어 봤는데, 재료를 적당히 배합하면 꽤 그럴듯한 맛이 나옵니다. 심지어 일본에는 나폴리탄스파게티 맛 아이스크림이

구슬아이스크림

있습니다(일반적으로 '나폴리탄 아이스크림'은 딸기·바닐라·초콜릿 세 가지 맛을 층층이 담은 아이스크림을 뜻하니 헷갈리지 않도록 주의해야 해요). 나폴리탄은 토마토소스 대신 케첩을 쓰는 일본식 스파게티인데, 이 맛을 아이스크림으로 구현해 낸 것이죠. 음, 제 감상은요, 아주 맛있지는 않았지만 그럭저럭 먹을 만했어요.

뜻밖의 아이스크림

세상에는 별난 아이스크림도 많아요. 겉과 속이 다른 아이스크림튀김이 대표적입니다. 아이스크림에 튀김옷을 입혀 끓는 기름에 재빨리 튀겨서 만들죠. 원리는 이렇습니다. 아이스크림과 튀김옷 사이에 공기층이 생겨 열전도(열이 온도가 높은 데서 낮은 데로 옮겨 가는 현상)를 막는 거예요. 아이스크림은 분자 구조가 그물망처럼 성겨서 원체 열전도율이 낮습니다. 반죽을 휘저을 때 분자 사이사이 공기가 들어가니까요! 이 덕분에 겉은 뜨겁고 바삭한데 속은 차갑고 달콤한 아이스크림튀김이 완성될 수 있는 거랍니다.

작고 동글동글한 구슬아이스크림은 현대 과학기술이 만들어 낸 먹을거리입니다. 1990년대 미국에서 인기를 얻으며 세계적으로 불티나게 팔려 나갔죠. 구슬아이스크림은 저온의 액체질소를 이용해 순식간에 얼려서 만듭니다. 그렇다 보니 수분과 공기가 적어서 일반 아이스크림보다 더 단단한 편이에요. 참! 구슬아이스크림은 섭씨 영하 40도 이하에서 보관해야 합니다. 일반 냉장고에서는 녹아서 알갱이끼리 붙어 버리고 말거든요.

슬슬 아이스크림이 먹고 싶어진다고요? 오늘 방법을 배웠으니 직접 만들어 보는 건 어떨까요? 날씨가 무더워서 손가락 하나 까딱하기 싫다면, 그냥 사 먹어도 괜찮습니다. 단, 배탈이 나지 않게만 조심하세요(아이스크림은 차가울뿐더러 유당을 포함하고 있기 때문에 배탈을 잘 일으키니까요). 이제 어떤 아이스크림을 골라 볼까요?

속 끓는 비밀이 있다면
라면

라면을 싫어하는 사람은 드물 겁니다. 어디 그뿐인가요? 한국인이라면 저마다 라면에 대한 나름의 비법과 철학도 지니고 있죠. 라면은 언제부터 이처럼 사랑받는 국민 음식이 됐을까요?

끝내주는 라면 맛의 비법이라면

라면은 '요알못'도 쉽게 만들 수 있는 음식입니다. 끓는 물에 면과 수프를 넣고 3~4분만 기다리면 완성되니까요. 이렇게 간단한데도 요리라고 할 수 있을까요? 찬반 의견이 분분할 테지만 저는 라면도 엄연한 요리라고 생각합니다.

왜냐하면 불을 켜서 물을 끓이고 김치·달걀·파·떡·치즈·콩나물 등 각자 원하는 재료를 곁들여 더 맛있게 만들 궁리를 하기 때문이죠. 물의 양만 하더라도 사람마다 선호하는 정도가 달라요. 심지어 수프를 먼저 넣고 물을 끓일지, 물이 끓고 나서 수프를 넣을지도 논의 주제가 되기도 하고요. 끓이면서 면을 저어 주어야 한다느니, 그대로 놔두는 게 낫다느니 하는 이야기도 있죠. 달걀을 풀어 먹을지, 흰자와 노른자를 각각 어느 정도나 익힐지도 끓이는 사람에 따라 달라집니다. 봉지에 적힌 조리법을 그대로 따르는 사람도 있겠지만, 대개는 자신만의 비법을 더해 라면을 끓입니다. 라면만큼 조리법이 간단한 음식도 없지만, 또 이처럼 조리법이 다양한 음식도 없지 않을까요?

라면 이야기를 하려니 학창 시절의 추억이 하나 떠오릅니다. 학교 근처에 유독 인기 있는 분식집이 한 곳 있었어요. 다른 분식집은 파리만 날리는데 이 집은 늘 학생들로 북적북적

했죠. 이유는 딱 하나, 라면 때문이었습니다. 면과 수프를 넣고 파와 달걀을 더해 내놓는다는 점은 여느 분식집과 다르지 않았는데도, 첫 젓가락을 뜨는 순간 "맛있어!" 하고 감탄이 나올 정도였습니다. 얼큰한 국물 맛이 아주 일품이었죠. 비법은 이 집만의 걸쭉한 양념에 있었습니다. 이처럼 라면은 공식적인 조리법이 있지만, 끓이는 사람이나 상황에 따라 다른 맛이 난다는 점이 특이합니다. 저는 군대에서 먹었던 라면 맛을 특히나 잊을 수 없어요. 훈련을 나가서 몰래 끓여 먹는 라면이 얼마나 맛있었는지! 금지된 음식이라는 상황이 맛을 더 돋우기도 했겠죠?

뻔한 라면의 뻔하지 않은 변신

라면을 맛있게 끓이는 여러분만의 비법은 무엇인가요? 인터넷에 검색만 해도 온갖 방법이 쏟아집니다. 언젠가 기사를 쓰려고 라면 회사 연구원에게 물어본 적이 있어요. "봉지에 써 있는 조리법대로 하는 게 가장 맛있습니다." 이것이 답변의 전부! 특별한 답을 기대했는데 실망스러웠죠. 여기에도 까닭이 있었습니다. 라면 회사는 더 맛있는 제품을 개발하려 치열히 연구해요. 일반 가정의 도구와 화력을 고려해 최적의 맛을 구현한 결과가 봉지에 적힌 조리법이죠.

　그렇지만 라면 회사의 조리법은 아무것도 더하지 않고 그저 면과 수프만 넣을 때를 고려한 것이니, 꼭 그대로 따를 필요는 없습니다. 실제로 라면을 먹을 때는 여러 변수가 존재하죠. 보태어 넣는 고기·해산물·달걀·버섯·채소 등 각종 재료는 물론이고 같이 먹는 김치도 변수가 됩니다. 김치는 집마다 맛이 다르고 종류나 익은 정도도 다양하니까요. 묵은지나 파김치와 함께 라면을 먹으면 또 얼마나 맛있게요.

　요즘엔 식성이 다양해져서 외국 식재료인 고수나 마라 소스를 넣는 경우도 있습니다. 그뿐인가요? 체더치즈나 모차렐라치즈를 넣기도 합니다. 특히 짜장라면이나 매운 볶음라면에 치즈는 찰떡궁합이죠. 셰프로서 매운 볶음라면을 더 맛있게 즐기는 비법을 알려 드리자면, 완성되기 약 30초 전에 모차렐라치즈를 한 움큼 넣으면 됩니다. 치즈가 절반쯤 녹았을 때 불을 끄고 버무리면 소스가 아주 기막히게 녹진해집니다. 듣는 것만으로도 침이 꼴깍 넘어가죠? 단, 모차렐라치즈는 염분을 포함하고 있습니다. 라면에도 염분이 꽤 있으니 넣는 양을 적당히 조절해야겠죠. 그래도 맛을 위해서라면 한 번쯤 눈감아도 괜찮지 않을까요?

한중일 라면 삼국지

자, 여기서 질문해 볼게요. 라면은 한식일까요? 앞서 짜장면은 한식이라고 주장한 바 있습니다. 다른 나라에서 넘어왔지만 우리 식으로 바꿔 즐기고 있으니까요. 중국 문화를 인정하지 않는 게 아니라, 우리만의 독자적인 짜장면 문화가 있다는 뜻입니다.

라면도 비슷합니다. 라면의 원조는 중국의 '납면(拉麵)'으로, 손으로 당기고 늘려서 만든 국수를 가리켜요. 중국어로 '라미엔'이라고 발음하는데, 이것이 일본에 건너가 '라멘'으로 변했죠. 라멘은 일본인이 즐겨 먹는 음식으로, 고기와 뼈를 고아 낸 진한 국물에 양념을 더하고 튀기지 않은 생면을 넣어서 만들어요. 라멘은 인기가 많아서 라멘만 전문으로 다루는 방송과 잡지가 있을 정도입니다. 우리나라에서도 일본식 라멘 전문점들을 쉽게 찾아갈 수 있고요.

우리가 사랑하는 라면, 즉 인스턴트 라면 역시 일본에서 탄생했습니다. 제2차 세계대전 패배 이후 일본 국민들이 식량난에 시달리던 1958년, 기업인 안도 모모후쿠가 개발했죠. 6·25전쟁을 겪은 우리나라 상황 역시 1950년대 일본과 비슷했어요. 삼양식품은 일본의 기술을 도입해 1963년에 닭 육수를 이용한 '삼양라면'을 내놓았습니다. 처음 판매가는 10원으로 비싼 편은 아니었지만 배불리 먹기는 힘들었죠. 그 시절 저희 어머니는 라면에 소면을 추가해 끓여 주시곤 했습니다. 기름에 튀긴 라면 가락과 달리, 소면 가락은 맛이 심심했기에 솥에서 라면 가락을 하나라도 더 건지려고 형제들끼리 투쟁(?)했던 기억이 나네요.

한중일 삼국 가운데 인스턴트 라면을 가장 많이 먹는 곳은 어디일까요? 라면이 가장 많이 팔리는 나라는 물론 중국이지만, 국민 한 사람이 한 해 동안 먹는 양으로 치면 놀랍게도 우리나라가 1위입니다. 전 세계를 기준으로 하면 우리나라가 아쉽게도 2위인데, 2013년부터 2020년까지 줄곧 1위였다가 베

트남에 그 자리를 내주고 말았어요. 참고로 일본은 라멘을 자주 즐기는 만큼 인스턴트 라면은 조금 덜 먹습니다. 한편 K-콘텐츠 인기와 더불어 세계로 우리 라면이 퍼져 나가고 있어요. 중국, 일본은 물론 유럽, 미국, 심지어 북한에서도 인기가 있다고 하네요.

K-라면, 간단한 한 끼에서 국가대표 문화로

요즘 한국 라면은 단순히 간편한 한 끼가 아니라 하나의 문화 콘텐츠로 자리 잡았습니다. 특히 삼양식품의 불닭볶음면은 매운맛 라면 열풍을 주도하며 전 세계적인 인기를 얻었어요. 삼양식품은 앞서 언급했듯이 우리나라 최초의 라면 회사였지만, 신라면을 앞세운 농심에게 줄곧 밀리는 처지였죠. 하지만 불닭볶음면의 글로벌 유행이 판을 바꿔 버렸습니다. 이는 단순히 매콤한 맛의 힘이 아니라, 소비자 참여 기반의 밈(meme) 문화 등에 힘입은 결과입니다.

덴마크에서는 불닭볶음면의 유행으로 인해 웃지 못할 일이 벌어지기도 했습니다. 2024년에 덴마크 정부는 '핵불닭볶음면'을 포함한 불닭 브랜드의 라면을 팔지 못하도록 했어요. 너무 매워서 아이들의 건강에 해를 끼칠 수도 있다는 것이 근거였습니다. 그런데 오히려 정부의 이런 조치가 불닭볶음면에 관한 세계인들의 관심을 모았고, 결국 얼마 지나지 않아 대부분 판매가 재개되었습니다.

한국 라면의 세계화는 불닭볶음면 하나만의 성과가 아닙니다. 요즘에는 전 세계 어느 식품점에서든 우리나라의 인스턴트 라면 제품을 찾을 수 있다고 해요. 'K-푸드' 콘텐츠의 인기와 더불어, 미국·유럽·동남아 전역에서 한국 라면이 인기를 모으고 있습니다. 단순한 한 끼 이상의, 한국 문화를 체험하는 하나의 방법이 된 거예요.

K-라면이 이러한 성공을 거둔 비결은 무엇일까요? 그건 바로 다양한 사람들의 입맛을 겨냥한 실험 정신 아닐까 합니다. 생각지도 못했던 라면들이 시중에 나왔다가 사라졌고, 아마 앞으로도 그럴 거예요. 최근에는 프리미엄 라면, 비건 라면 등 다양한 변종 라면이 등장하고 있어요. 이러한 사실은 라면 시장이 편의성에서 개성으로, 단순함에서 문화로 확장되고 있음을 보여 줍니다.

라면은 그 특성상 대중의 인기를 얻지 못하면 빨리 사라집니다. 그러고는 재빨리 다른 라면이 나오지요. 한때 인기 있었지만 이제는 찾기 어려운 라면도 있고, 개인의 입맛을 저격했지만 대중적인 인기를 끌지 못해 사라진 라면도 있어요. 저는 우유라면이 먼저 기억납니다. 유제품 맛이 나는 고소한 맛의 라면인데 매운맛 중심의 라면 세계에서 오래 버티지 못했어요. 하지만 크림소스맛 라면이 나중에 출시되어 인기를 끌기 위한 발판이 된 라면이라고 할 수 있을 듯합니다.

꾸준한 맛의 비결은 비밀

일반적으로 라면은 기름에 튀겨서 만듭니다. 면을 기름에 튀기면 면 속 수분이 빠져나가 보관 기간이 길어지는 데다 맛도 좋아집니다. 이렇게 세상에 나온 라면은 큰 변화 없이 발전해 왔습니다. 변화가 없다니 좀 이상하다고요? 물론 맛과 종류가 다양해졌지만 기본적으로 튀긴 면을 삶아서 수프를 넣는 방식은 같으니까요. 이것이 라면의 정석입니다.

라면 한 봉지 값은 대개 1,000원 정도예요. 최근 물가가 나날이 오르면서 라면 가격도 덩달아 오르기는 했지만, 사실 다른 식자재들에 비하면 라면 가격은 상당히 더디게 오르는 편입니다. 실제로 정부에서도 라면 가격에는 촉각을 곤두세우고 있어요. 프랑스에는 바게트 가격에 대한 국민적 합의가 있듯이, 우리나라에는 라면 가격에 대한 국민적 합의가 있는 셈입니다.

값싼 비용으로 어떻게 이런 군침 도는 맛을 내는지 신기하지 않나요? 사실 라면 맛은 수프가 결정짓는다고 해도 틀린 말이 아닙니다. 이미 망친 음식도 수프만 넣으면 맛이 살아나니까요. 그래서 '마법의 가루'라고도 불리고요. 박사급 연구원들이 심혈을 기울여 개발한 수프 배합 비율은 라면 회사에서도 오직 관계자 몇몇만이 알 뿐입니다. 식품위생법에 따라 원료를 공개하지만, 핵심 기술인 배합 비율은 비밀이죠.

주의할 점이 있습니다. 수프에는 염분이 3그램 이상 들어 있다는 점이에요. 염분의 하루 섭취 권장량은 불과 5그램입니다. 라면 한 봉지만 먹어도 하루 종일 먹어야 할 만큼의 염분을 모두 섭취하기 쉽다는 거죠. 보통 라면만 먹지는 않으니까요. 그러니 아무리 간편하고 입맛을 돋우더라도, 너무 자주 먹는 건 자제해야겠죠?

참깨빵 사이에 문화를 담다
햄버거

패스트푸드의 상징인 햄버거. 두툼한 빵 위에 감칠맛 나는 고기 패티, 매콤달콤한 소스, 치즈, 피클, 양파까지! 햄버거에는 군침 도는 재료가 한데 모여 있어요. 감자튀김과 콜라를 곁들여 세트로 먹으면 배부르고 만족스러운 한 끼 식사 뚝딱입니다.

그 시절 햄버거

햄버거가 우리나라에서 본격적으로 인기를 끌기 시작한 때는 1990년대입니다. 당시 어린이와 청소년들은 햄버거가 먹고 싶어 부모님을 조르거나 저축을 했어요. 요즘 환상의 나라는 서울 잠실과 경기도 용인에 있다던데, 그 시절 환상의 나라는 번화가 곳곳에 있는 햄버거집이었죠. 세련되고 깨끗한 매장, 힘차고 밝은 목소리와 태도로 일하는 청년 직원, 소스나 토핑을 원하는 대로 고르는 주문 방식까지 환상적이었어요. 직원을 '크루'라는 명칭으로 색다르게 불렀는데, 손님이 햄버거를 주문하면 "로저(통신에서 상대방의 뜻을 알아들었다는 뜻)!"라고 외치면서 주방에 "투 햄버거!"라고 외치는 크루의 모습이 얼마나 멋졌는지 몰라요. 사실 이 모든 것은 미국 문화를 그대로 옮겨 온 것이랍니다.

미국은 한국이 오랫동안 선망하는 국가였습니다. 6·25전쟁 이후 미국의 지원을 받아 나라를 재건했던 한국의 시선에서는 미국의 모든 게 대단해 보였죠. 너무나도 미국적인 음식, 햄버거도 예외는 아니었어요. 미군 부대 근처에서나 겨우 만날 수 있던 햄버거는 프랜차이즈 회사를 등에 업고 널리 퍼졌습니다. 미국 회사의 프랜차이즈부터 시작해 한국 토종 햄버거 브랜드도 생겨났고, 나중엔 학교 매점에서도 햄버거를 사 먹을 수 있을 정도로 대중적인 음식이 되었답니다. 지금은 편의점에서도 햄버거를 팔고요.

햄버거의 탄생

햄버거는 함부르크 스테이크에서 유래했다고 해요. 함부르크를 비롯한 독일 북부 지역에서는 소고기를 다지거나 갈아서 뭉친 다음 구워 먹곤 했는데요, 19세기 아메리카 대륙으로 건너온 독일인들이 함부르크 소고기를 빵 사이에 넣어 먹으면서 햄버거가 탄생했죠. 함부르크(Hamburg)를 영어식으로 읽으면 '햄버그'로 발음되는데, 여기에 '~에서 온 사람 혹은 사물'을 뜻하는 접미사 '-er'이 붙어 햄버거가 된 거예요. 우리가 흔히 먹는 가공육 '햄'과 햄버거는 아무 상관도 없습니다!

제2차 세계대전 이후 미국의 각 도시는 크게 발전하기 시작했습니다. 도시 사람들은 바쁘게 움직였고, 편리한 이동을 위해 너도나도 자가용을 샀어요. 그때부터 휴일이면 온 가족이 차를 타고 교외의 햄버거 가게에 가서 음식을 받은 뒤, 이동 중에 차 안에서 햄버거를 먹는 것이 미국의 일상이 되었습니다. 도심 사람들은 언제든 편하게 '햄버거 하우스'에서 햄버거를 사 먹었죠. 청바지를 입고 햄버거에 콜라를 먹는 모습은 미

바삭하고 고소한 프렌치프라이

국인의 상징과도 같았어요.

햄버거와 콜라가 있는 자리에 '이것'이 없으면 무척 서운할 거예요. 바로 감자튀김입니다. 감자튀김의 영어 이름은 '프렌치프라이', 직역하면 '프랑스식 튀김'이죠. 햄버거는 가장 미국적인 음식이라고 하는데, 왜 갑자기 프랑스 튀김이 나온 걸까요? 감자튀김은 벨기에, 프랑스, 오스트리아 등 유럽에서 탄생했습니다. 유럽 이민자들에 의해 아메리카 대륙에 퍼졌죠. 미국의 광활한 토지에서 개량된 감자들이 무더기로 쏟아지자 감자 요리도 흔하게 되었고, 그중 하나가 감자튀김이었던 거죠. 이왕 먹을 감자튀김을 햄버거와 함께 먹자는 생각에 세트 메

햄버거 번은 그냥 빵과 뭐가 다를까?

햄버거 번

햄버거를 위아래로 덮고 있는 빵은 '브레드(bread)'가 아니라 '번(bun)'이에요. 고기 패티, 소스, 양상추, 치즈, 피클, 양파까지 햄버거 안에 들어가는 재료는 물론 중요해요. 하지만 맛의 완성도를 결정하는 것은 바로 이 번입니다. 초창기 햄버거는 평범한 빵 사이에 패티를 끼워 넣은 단순한 요리였어요. 그러다가 고기에서 흐르는 육즙과 기름을 잘 흡수하면서도 모양을 유지하는 빵이 필요해졌고, 전용 빵이 개발되기 시작했습니다.

가장 전통적인 햄버거 번은 부드럽고 촉촉한 흰 밀가루 빵입니다. 위에는 참깨를 뿌려 식감을 더하고, 시각적으로도 '햄버거 같다'는 인상을 주죠. 참깨를 뿌린 번을 누가 최초로 만들었는지는 알 수 없지만, 그것을 대중화한 것은 맥뉴가 등장했고요. 이것이 선풍적인 인기를 끌면서 햄버거 세트 메뉴의 표준이 되었습니다.

더 이상 꿈같은 음식이 아니야

우리나라에서 햄버거의 인기가 절정일 즈음 '패스트푸드는 건강의 적'이라는 인식이 널리 퍼졌어요. 덜 익힌 햄버거 패티를 먹으면 심각한 식중독에 걸릴 수 있다거나, 햄버거를 자주 먹으면 심장병·비만의 위험이 증가한다는 의학계의 지적이 이어졌죠. 또 미국에 갖고 있던 환상이 걷히면서 햄버거의 인기는 예전만 못하게 되었습니다.

　실제로 햄버거는 건강한 음식은 아닙니다. 누군가는 햄버거가 탄수화물(빵), 지방과 단백질(패티), 섬유질(채소)을 골고루 지닌 완전식품(건강상 필요한 영양소를 모두 지니고 있는 단독 식품)이라고 주장합니다. 하지만 패티는 포화지방 함유량이 많고, 채소는 싱싱하지 않은 데다 양적으로 부족하며, 혀가 즉각적으로 자극적인 맛을 느끼도록 질 낮은 양념을 많이 쓴다는 점에서 건강한 음식이라고 할 수 없습니다.

　햄버거 패티를 조금 더 살펴보겠습니다. 가축을 도축한 뒤에는 고기를 가공하기 편하도록 발골 및 정형 과정을 거칩니다. 이때 자투리 고기가 생겨요. 햄버거 패티는 이를 조미료와 함께 섞고 뭉쳐서 만듭니다. 고깃덩이 대신 자투리 고기를 쓰는 이유는 물론 비용 문제 때문이에요. 이렇게 섞어 만든 고기는 가공 및 관리 과정이 불분명하다는 점에서 건강의 위협 요소로 꼽히기도 합니다.

　무엇보다도, 우리는 보통 햄버거만 따로 먹지 않잖아요! 기름에 튀긴 감자와 탄산음료까지 함께 먹으면 과다한 나트륨과 당 섭취로 건강을 망치고 말죠. 그렇다고 감자튀김과 콜라를 먹지 말라고는 안 할게요. 다만 너무 자주 먹는 것은 좋지 않다는 점을 명심해야 합니다.

#10. 햄버거

마케팅의 명수, 햄버거 프랜차이즈

햄버거가 건강의 적으로 지명됐음에도 햄버거 프랜차이즈는 굳건해요. 번화가라면 꼭 하나씩은 존재합니다. 매장은 사람들로 붐비고, 배달 기사들도 수시로 드나듭니다. 건강식이라고 할 수는 없지만, 그것만 빼면 햄버거의 장점이 꽤 많기 때문이에요.

그 장점 중 무시할 수 없는 것이 엄청난 '가성비('가격 대비 성능의 비율'을 줄여 이르는 말로, 재화나 서비스의 가격에서 기대할 수 있는 성능이나 효율의 정도)'입니다. 만 원을 내고 햄버거집에서 얻을 수 있는 만족감과 과일 가게에서 얻을 수 있는 만족감을 비교하면 전자가 압도적으로 클 거예요. 햄버거는 싸고 빠르며 든든한 한 끼 식사의 대표 격이죠.

햄버거 프랜차이즈는 재료 수급뿐 아니라 조리 과정에서도 비용 절감에 심혈을 기울여요. 시간 대비 햄버거 생산량을 높이기 위해 부엌 동선을 설계하고, 매장 조리 과정을 최소화하도록 원재료를 일정 부분 가공해서 공급하죠. 주방엔 여러 문제를 방지할 매뉴얼과 누가 조리해도 일관되게 뛰어난 맛을 내도록 하는 시스템이 갖춰져 있습니다(그래서 햄버거 프랜차이즈 주방은 외부에 절대 공개하지 않는 보안 시설이기도 해요). 이런 시스템 덕분에 갓 들어온 아르바이트 점원이라도 주문을 재빨

1988년 서울 올림픽을 앞두고 압구정에 문을 연 한국 맥도날드 1호점의 모습

리, 정확하게 처리할 수 있어요. 타의 추종을 불허하는 햄버거 가성비의 든든한 배경에는 비용을 철저히 절감하는 시스템이 있는 거지요.

사람들의 발길이 햄버거 매장으로 향하는 또 다른 이유는 햄버거집의 각종 마케팅 때문입니다. 업체들은 특정 메뉴를 주문한 소비자에게 장난감을 제공하거나, 정해진 시간대에 할인 행사를 열거나, SNS 팔로워에게 정기적으로 할인 쿠폰을 주는 등 다양한 마케팅 전략으로 소비자의 마음을 공략하고 있습니다. 또 글로벌 햄버거 프랜차이즈는 나라별로 메뉴를 달리 구성하기도 합니다. 이를 현지화 전략이라고 부르죠. 예컨대 이슬람 문화권에서는 돼지고기 패티 대신 소고기 패티와 닭고기만 쓰고, '할랄(이슬람 율법에 따라 먹고 쓸 수 있다고 허락된 것)' 인증을 받은 재료만 씁니다. 한국에선 불고기 맛이나 매운맛 햄버거를 출시하는 한편, 중국에선 돼지기름을 많이 쓰고 강한 향신료를 첨가하곤 하죠. 이탈리아에서는 햄버거와 함께 모차렐라치즈와 올리브를 넣은 지중해식 샐러드도 팔아요. 음료 메뉴에 포도주와 맥주가 있는 것도 이탈리아 햄버거 집의 특징입니다.

여러분은 햄버거 프랜차이즈의 어떤 매력에 마음이 흔들리고 있나요? 햄버거는 건강식이 아니기에 자주 먹으면 몸에 안 좋지만 가끔 기분 내는 한 끼로는 더할 나위 없습니다. 프랜차이즈뿐 아니라 수제 버거집에서, 또 편의점에서 다양한 햄버거를 만날 수 있으니 오늘은 취향에 맞는 햄버거 한입 어떤가요?

달콤 쌉싸름한 한 조각
초콜릿

여러분이 제일 좋아하는 간식은 뭔가요? 케이크든 아이스크림이든 어떤 간식을 고르든, 결국 초콜릿을 빼놓을 순 없을 겁니다. 초콜릿에는 재미있는 이야깃거리도 아주 많답니다. 한 조각 잘라 먹으면서 책을 읽어도 좋습니다.

초콜릿, 과자 그 이상

　음식은 단순히 신체에 에너지를 공급하는 연료가 아니에요. 많은 음식들에는 인류의 역사가 담겨 있거든요. 이 세상이 흥미로운 이유이지요. 초콜릿 한 조각에도 수천 년의 역사와 문화, 과학, 경제, 그리고 사랑이 녹아 있어요. 제가 어렸을 때는 초콜릿이 가장 먹고 싶은 과자였어요. 달콤하고 부드러운 맛은 물론이고, 비싼 가격 탓에 자주 사 먹을 수 없다는 이유도 한몫했죠.

　본고장인 서양에서도 초콜릿은 가장 귀한 선물, 에너지가 강한 음식으로 여겨집니다. 국제공항 면세점에서 가장 인기 있는 선물이 바로 초콜릿이죠. 심지어 초콜릿은 재테크의 수단이기도 해요. 혹시 주변에 주식이나 금융 투자를 하는 어른이 있거든 한번 물어보세요. 금융 상품 중에는 석유, 가스, 밀가루, 커피와 같은 각종 원자재에 투자하는 품목도 있는데요, 초콜릿의 원료인 카카오도 투자 상품 중 하나입니다. 그만큼 대중적이고 가치 있는 물자라는 뜻이죠.

　사람들은 언제부터 초콜릿을 먹게 되었을까요? 초콜릿의 고향은 중남미예요. 약 3,000년 전, 마야인들이 카카오나무에서 나는 열매를 신성시하기 시작했습니다. 그들은 카카오 열매를 빻아 물에 타서 마셨는데, 그 음료가 사람과 신을 이어 주

는 것으로 여겼거든요. 당시의 음료에는 매운 고추나 향신료가 들어가기도 했는데, 설탕이 들어가지 않아서 아주 쓴맛이었습니다. 일종의 에너지 음료였던 거죠. 그때는 오늘날과 같은 고체로 굳힌 초콜릿은 없었어요. 그냥 물에 타서 진하게 마시는 음료였습니다. 카카오 열매는 오랫동안 그 가치를 인정받아, 아스테카제국에서는 카카오 열매와 그 가루가 화폐로도 쓰였어요.

이 특별한 음료이자 열매가 유럽에 전해진 것은 16세기 초였습니다. 에스파냐의 정복자 에르난 코르테스가 고국으로 돌아오면서 초콜릿 음료를 가져온 것이죠. 우리가 먹는 초콜릿의 역사가 본격적으로 시작된 겁니다. 여기서 잠깐, 에스파냐는 초콜릿 문화를 만들어 낸 유럽의 시조라고 할 수 있는 만큼, 원래 중남미 사람들이 그랬던 것처럼 음료로 마시는 초콜릿이 유명해요. 쉽게 말하면 핫 초콜릿입니다만, 그것 이상의 역사적인 유래가 있는 셈이지요. 혹시 에스파냐 여행을 간다면 핫 초콜릿을 마셔 보세요. 진하고 신비로운 대단한 초콜릿이에요.

마시는 초콜릿에서 '똑' 소리 나는 초콜릿 바로

그러면 지금 우리가 먹는 고체 형태의 초콜릿은 언제 만들어진 걸까요? 카카오는 멀리 중남미에서 가져와야 했으니 초콜릿 음료는 오랫동안 귀족과 부유층의 전유물이었어요. 그러다가 19세기 들어서 새로운 변화가 발생합니다. 유럽의 식민지 확대로 인하여 남아메리카와 환경이 비슷한 다른 더운 지방에서도 카카오를 수확하게 된 거예요.

아프리카는 그렇게 카카오의 주요 생산지가 되었습니다. 오늘날에는 남아메리카와 아프리카뿐 아니라 인도나 인도네시아 같은 열대지방의 다른 나라들에서도 카카오를 재배하고 있어요. 재미있게도 현재는 아프리카에서 재배되는 카카오가

원산지인 중남미에서 수확되는 것보다 많답니다(반면 커피는 원래 아프리카가 원산지지만 지금은 남아메리카에서 더 많이 재배되고요). 아프리카와 초콜릿 하면 떠오르는 익숙한 이름이 있지 않나요? 맞아요, 롯데제과의 '가나초콜릿'이라는 제품입니다. 가나는 아프리카 서부 해안에 접한 나라예요. 오늘날 가나는 세계 최대의 카카오 생산국 중 하나입니다.

수확량이 늘어나면서 초콜릿의 대중화가 성큼 다가옵니다. 하지만 고체 초콜릿의 등장에는 기술의 발전이 결정적인 역할을 했어요. 1828년, 네덜란드의 반 하우턴이 카카오에서 기름을 짜내는 기술을 개발합니다. 이걸 카카오버터라고 하는데, 좋은 초콜릿을 만드는 데 핵심적인 원료예요. 이런 기술을 바탕으로 1847년 영국의 프라이 가문이 세계 최초의 고체 초콜릿 바를 만드는 데 성공합니다. 더 나아가 우유를 섞어서 우리가 먹는 달콤하고 부드러운 밀크 초콜릿이 탄생하게 됩니다. 19세기 후반의 일이었어요. 또 초콜릿에 공기를 넣어서 더 부드럽게 만드는 방식도 개발됩니다. 그런 식으로 초콜릿은 인류를 유혹하는 엄청난 힘을 가지게 됩니다. 과자, 케이크, 아이스크림 등 이제는 초콜릿이 들어가지 않는 디저트를 찾기 어려울 정도니까요.

사랑의 묘약? 초콜릿의 과학

초콜릿은 어쩌다 이렇게 인기 있는 간식이 되었을까요? 여기에는 과학적인 근거가 있습니다. 초콜릿에는 페닐에틸아민(PEA)이라는 물질이 포함되어 있어요. 흔히 '사랑의 호르몬'이라고 불리는 물질이죠. 초콜릿이 사랑의 묘약처럼 여겨지는데는 그럴 만한 이유가 있는 셈입니다(물론 초콜릿에 포함된 페닐에틸아민은 소화 과정에서 대부분 분해되기 때문에, 초콜릿을 먹는다고 해서 큰 효과를 일으키는 건 아니랍니다). 게다가 초콜릿은 '행복 호르몬'으로 알려진 세로토닌 분비를 간접적으로 증가시

켜요. 우울할 때 단 음식이 당기는 이유죠. 초콜릿을 먹으면 잠시나마 스트레스가 줄어드는 것은 과학적 사실이에요.

이 밖에도 초콜릿에는 혈액순환을 빠르게 만들거나 기분을 좋게 만드는 성분들이 포함되어 있어요. 각성 효과가 있는 것으로 잘 알려진 카페인은 물론이고, 테오브로민이라는 물질도 있습니다. 머리를 맑게 해 주고 체력을 증진하는 강장제로 쓰이던 성분이에요. 그런데 혹시 개나 고양이한테는 초콜릿이 치명적인 독이라는 얘기를 들어 보았나요? 테오브로민이 그 이유 중 하나예요. 동물들은 테오브로민을 분해하는 속도가 사람에 비해 아주 느리거든요. 그러니 반려견이 초콜릿을 애절하게 쳐다보더라도, 죄책감 없이 혼자 먹어도 괜찮습니다!

카카오 함량이 높은 다크 초콜릿은 특히 사람의 건강에 좋은 것으로 알려져 있습니다. 혈압을 낮추고 심장 건강에 도움이 된다고 해요. 하지만 시중에서 판매하는 대부분의 제품은 당분, 지방, 팜유 등 살찌는 성분의 함량이 높기 때문에, 다크 초콜릿이라도 적당히 먹어야 합니다.

각양각색 초콜릿 상자

초콜릿도 다 같은 초콜릿이 아닙니다. 다양한 종류가 있어

요. 다크 초콜릿, 밀크 초콜릿, 화이트 초콜릿… 여러분은 어떤 걸 가장 좋아하나요? 그런데 어떤 기준으로 초콜릿를 분류하는 것인지 알고 있나요? 초콜릿의 종류는 원료와 배합을 기준으로 나눌 수 있습니다.

먼저 다크 초콜릿은 카카오 함량이 70퍼센트 이상인 초콜릿을 말해요. 쌉쌀하고 깊은 맛으로 보통 어른들이 좋아하죠. 부드럽지 않고 달콤하지도 않아서 좀 '어려운' 초콜릿이에요. 게다가 주원료인 카카오 함량이 높기 때문에 가격도 비싼 편이에요. 반면 밀크 초콜릿은 우유가 들어가 부드럽고 달콤해서 대중성이 높아요. 카카오 함량은 30~50퍼센트 정도이고요. 여러분이 좋아하는 초콜릿은 아마 대부분 밀크 초콜릿일 겁니다.

물론 화이트 초콜릿을 좋아하는 친구들도 있을 거예요. 화이트 초콜릿은 이름처럼 하얗거나 딸기 등의 재료를 넣어서 분홍색을 띠기도 합니다. 사실 엄밀히 말해서 화이트 초콜릿은 초콜릿이 아니에요. 초콜릿 향이 난다고 모두 초콜릿이 아니랍니다. 카카오 함량을 따져 봐야 하죠. 카카오를 조금만 섞어도 초콜릿 향은 나니까요. 법적으로 초콜릿이라고 부르려면 카카오 함량이 30퍼센트는 넘어야 합니다. 화이트 초콜릿에는 보통 자연적인 카카오에서 추출한 코코아고형분이 들어가지 않고 카카오버터와 우유, 설탕이 들어가요(카카오버터의 함량은 20퍼센트를 넘도록 법으로 정해져 있습니다). 그래도 카카오버터가 들어가니까 그냥 화이트 '초콜릿'이라고 부르는 거죠.

이 밖에도 보통 편의점에서 접할 수 있는 제품들은 대부분 따지고 보면 초콜릿이 아닙니다. 카카오 함량이 30퍼센트에 한참 미치지 못하는 제품들이 대부분이에요. 가격을 낮추기 위해서죠. 일반적인 저가 제품들은 코코아고형분 함량이 7퍼센트 이상인 '준 초콜릿'이거나 2퍼센트 이상인 '초콜릿 가공품'이에요.

한입에 쏙! 다채로운 초콜릿의 세계

한입에 쏙, 프랄린

초콜릿의 종류는 물론 카카오 함량만으로 정해지는 건 아니에요. '봉봉'이라는 초콜릿을 먹어 본 적 있나요? 한입 크기로 만든 작은 초콜릿으로, 안에 다양한 재료를 채워 넣어 맛과 향을 풍부하게 만듭니다. 주로 선물용으로 한 상자에 여러 개를 담아 파는데, 밸런타인데이 때 특히 수요가 많아요. 쇼콜라티에(초콜릿을 전문적으로 만드는 장인)가 만드는 제품은 아주 비싸죠!

이와 비슷하지만 조금 다른 종류도 있어요. '프랄린'은 초콜릿 속에 견과류나 설탕으로 만든 달콤한 페이스트를 채운 것을 말해요. '가나슈'는 생크림과 초콜릿을 섞어 만든 부드럽고 진한 크림인데, 트러플 초콜릿의 속에도 자주 쓰여요. '트러플'이란 둥글고 표면이 코코아가루로 덮인 자그마한 초콜릿을 말합니다. 송로버섯의 이름에서 따온 것이 맞아요.

혹시 '페레로 로쉐'를 아시나요? 겉은 바삭한 웨이퍼로 싸고, 안에는 부드러운 가나슈와 헤이즐넛이 들어 있는 대표적인 프랄린 초콜릿이에요. 이런 식으로 초콜릿 세계는 생각보다 훨씬 다채롭답니다!

단순한 간식이 아니야

초콜릿이 세계적인 과자가 된 것은 설탕과 우유의 역할이 제일 컸어요. 이 둘이 더 부드럽고 달콤한 맛을 만들어 냈고, 가격도 저렴하게 만들었습니다(물론 설탕은 원래 귀한 사치품이었지만, 19세기를 지나면서 생산량이 크게 늘어나 대중화에 성공했답니다). 이렇게 과자의 왕이 된 초콜릿은 오랫동안 귀중함과 달콤함의 상징으로 여겨졌습니다. 특히 연인 사이에서 초콜릿은 애정과 호의를 나누는 대표적인 선물로 자리 잡았어요. 밸런타인데이에 초콜릿을 주는 풍습도 이런 이미지에서 비롯되었습니다. 실제로 유럽에서는 이미 18세기에 연애편지와 함께 초콜릿을 동봉하기도 했어요.

초콜릿은 단순한 간식이 아니라 일반 요리에도 쓰이는 향신료예요. 유럽에서는 소스로 흔하게 사용합니다. 제가 이탈리아에 있을 때 토끼 고기에 초콜릿 소스를 뿌려서 내는 음식을 만들기도 했어요. 초콜릿에 버터, 소금, 농축한 토끼 뼈 육수, 허브를 섞어서 만든 요리였죠. 쌉쌀한 맛으로 인기가 좋았어요. 심지어 초콜릿은 군대의 전투식량에도 들어갑니다. 열량이 높고 맛도 좋아서 사기를 올리는 데 직방입니다. 군대를 다녀온 많은 사람들이 초코파이의 맛을 추억하는 것은 당연한 일이에요(물론 법적 기준으로 보면 초코파이는 초콜릿이 아니에요.

코코아고형분 함량이 30퍼센트가 안 되거든요).

달콤한 초콜릿의 씁쓸한 그림자

이렇게 맛있는 초콜릿이지만, 여기에는 어두운 그림자도 존재해요. 앞서 언급했듯이 초콜릿의 원료인 카카오는 유럽의 정복자들이 식민지를 확장하는 과정에서 유럽에 유입되었고, 오늘날에는 아프리카 서부 해안 국가들의 주된 작물이 되었습니다. 하지만 오늘날에도 카카오 재배에는 여러 문제가 산적해 있어요. 근로자들이 저임금으로 혹사당하거나 심지어 어린 아이들이 노동에 동원되는 등의 착취에 노출되어 있습니다.

이에 문제의식을 느낀 사람들은 공정 무역 캠페인을 활발하게 벌이고 있어요. 구매자는 정당한 가격을 주고 원료를 사고, 생산자는 더 높은 수입을 얻어서 정당한 노동의 대가를 받게 되는 것이지요. 그렇게 만들어진 초콜릿에는 공정 무역 마크가 찍혀 있습니다. 하지만 여전히 갈 길이 멉니다. 전체 시장에서 불과 5퍼센트도 차지하지 못하니까요. 여러분도 다음에 초콜릿을 살 때에는 공정 무역 마크가 있는 제품을 먹어 보면 어떨까요?

김과 밥 사이에 숨은 이야기
김밥

"그냥 김에 밥 말면 김밥 아냐?" 정말 그럴까요? 단무지, 햄, 맛살은 언제부터 김밥의 고정 멤버가 되었을까요? 요즘엔 재료도 더욱 다양해지고 해외에서도 인기라는데, 김밥은 어디까지 진화할 수 있을까요?

김밥, 어디에서 왔니?

소풍이나 야외 체험 학습에 갈 때 빠뜨릴 수 없는 음식이 있죠? 네, 바로 김밥입니다. 더러는 유부초밥이나 그 밖의 다른 메뉴를 싸 가기도 하겠지만, 그래도 가장 보편적인 선택은 다름 아닌 김밥이에요. 소풍 가기 전날, 어머니가 새벽부터 일어나 김밥을 싸는 모습은 전국적으로 흔한 풍경이었어요. 그럴 때면 저는 늘 시원한 사이다를 한 병 챙겨 가서 김밥과 함께 먹곤 했어요. 그 맛을 지금도 잊지 못해서 김밥을 먹을 때는 자연스럽게 사이다를 찾게 됩니다. 맛은 일종의 기억이어서 그런 듯해요.

우리는 언제부터 김밥을 먹게 되었을까요? 지금과 같이 속을 채운 김밥의 유래에 관해서는 두 가지 설이 있습니다. 하나는 조선 후기 또는 일제강점기 시절에 일본의 영향을 받았다는 설이고, 다른 하나는 우리나라의 전통 음식이라는 설입니다. 김밥이 일본에서 건너왔다는 근거는 무엇일까요? 일본에는 '노리마키'라는 음식이 있어요. 일종의 김말이 초밥이죠. 이것이 조선으로 건너오면서 김밥이 되었다는 것입니다.

물론 김을 기르거나 건조하는 방법 등은 그전부터 전해져 내려왔어요. 김을 채취하여 먹었다는 기록은 『삼국유사』 같은 아주 오래된 역사서에서도 확인할 수 있고, 조선 시대에는 김

을 양식했다는 기록도 남아 있어요. 당연히 우리 조상님들도 김에 밥을 싸 먹기도 했을 겁니다. 지금도 흰 쌀밥에 구운 김이나 조미김을 간단하게 말아 먹듯이요. 하지만 단무지 등의 속 재료를 가득 채워 둥글게 말아 먹는 방식은 일본에서 전파되었을 가능성이 커요.

특식에서 분식이 되기까지

정확한 기원은 알 수 없지만, 김밥은 해방 후에도 살아남아 우리나라 사람들이 가장 사랑하는 음식 중 하나가 되었습니다. 특히 야외에 놀러갈 때면 꼭 김밥을 챙겨 가는 것이 하나의 문화가 되었어요. 그런데 이때까지만 해도 김밥은 대체로 어머니가 싸 주는 나들이 음식이라는 고정관념이 있었습니다. 일상적으로 먹는 음식은 아니었다는 거죠.

그러다가 1980년대에 들어서면서 김밥은 새로운 변화를 맞습니다. 집에서만 만들어 먹던 김밥을 분식집에서도 팔기 시작한 거예요. 쌀이 비교적 풍족해지고, 속 재료를 구하기도 쉬워진 덕입니다. 게다가 이 시기에 분식집도 급격하게 늘어나면서 김밥의 대중화에 날개를 달았습니다. 김밥과 라면의 조합도 그때부터 시작되었죠. 김밥은 더 이상 놀러 가는 날에만 먹는 특별한 음식이 아니라, 누구나 어디서든 저렴하게 사 먹을 수 있는 일상 음식으로 자리 잡게 된 것입니다.

1990년대에 들어서면서 김밥 프랜차이즈도 등장합니다. '김밥천국'을 모르는 한국인은 아마 없을 거예요. 김밥천국은 저렴한 가격에 다양한 메뉴를 갖추어 큰 인기를 끌었죠. 하지만 거리에서 볼 수 있는 김밥천국이 모두 같은 프랜차이즈는 아니에요. 당시 특허청에서 김밥천국이라는 이름이 너무 일반적이어서 상표를 구별하기 어렵다는 이유로 상표권을 내주지 않았거든요. 그래서 전국 곳곳의 김밥천국들은 간판도 메뉴도 다 제각각입니다.

　어쩌면 김밥이 오늘날처럼 다양해진 것은 전국 곳곳에 김밥 가게가 생겨났기 때문인지도 모릅니다. 손님들의 입맛을 사로잡기 위해 가게마다 서로 다른 개성 있는 메뉴를 개발하면서, 김밥의 세계가 확장된 셈이죠. 참치김밥, 고기김밥, 치즈김밥, 돈가스김밥, 묵은지김밥 등 종류만 해도 헤아릴 수 없이 많습니다. 게다가 한편으로는 아주 비싼 프리미엄 김밥들도 등장하고 있어요. 소갈비, 장어, 연어, 아보카도 등을 넣은 김밥이죠.

　김밥은 이렇게 어머니의 손맛을 상징하던 정성 가득한 집밥에서 편의점에서도 쉽게 사 먹을 수 있는 완전히 산업화된 음식이 되었습니다. 소풍 가는 날보다는 바쁜 일상 속에서 끼니를 간단하게 해결하기 위해 찾는 간편식이 되었죠.

김밥의 '속' 이야기

요즘에는 이처럼 다양한 김밥들이 우리의 입맛을 사로잡고 있지만, 그럼에도 역시 클래식한 기본 김밥을 무시할 수는 없습니다. 김밥용 밥은 참기름과 소금으로 간을 하는 것이 보통이에요. 냉장 설비가 부족했던 옛날에는 식초를 뿌리기도 했답니다(일본의 노리마키도 식초를 뿌려 만든 초밥용 밥을 써요). 밥과 김만큼 중요한 것은 역시 속 재료들이죠. 김밥과 오랫동안 호흡을 맞춰 온 대표적인 속 재료로는 계란·단무지·시금치·당근 등이 있습니다.

그중에서도 학생들이 가장 좋아하는 고명은 아마도 햄일 겁니다. 김밥에 햄을 넣기 시작한 것은 1970년대 중반부터예요. 요즘에는 햄만큼이나 자주 들어가는 맛살도 1990년대 즈음부터 김밥의 주재료가 되었습니다. 햄이나 맛살을 넣기 전에는 생선 살로 만든 어육 소시지를 많이 사용했어요. 고기로 만든 소시지보다 저렴하다는 이유였죠. 가끔 소고기를 길쭉하게 볶아서 쓰기도 했는데, 이런 김밥은 부잣집에서나 맛볼 수 있었습니다.

　말이 나온 김에 김밥에 넣는 다른 재료들도 좀 더 자세히 살펴볼까요? 먼저 단무지를 빼놓을 수 없습니다. 아삭하고 새콤달콤한 맛으로 다른 고명들의 맛을 잡아 주고, 입안을 개운하게 해 주기도 해요. 그런데 단무지를 어떻게 만드는지 아시나요? 마트에서 흔히 볼 수 있는 무로 만드는 것 아니냐고요? 아닙니다. 단무지를 만드는 전용 무가 따로 있어요. 아마 실제로 본 경우는 거의 없을 거예요. 밭에서 공장으로 직행하기 때문입니다. 통통한 보통 무에 비해 길쭉한 게 특징입니다. 단무지만큼 자주 넣는 재료로는 또 시금치와 당근이 있습니다. 우엉 조림도 언제부터인가 필수 재료가 되었는데요, 이는 우엉의 제철이 겨울에서 봄으로 넘어가는 시기라서 그렇다는 설이 있습니다. 그즈음이 딱 소풍 시즌이니까요.

　그런데 아직 달걀지단을 이야기하지 않았죠? 아마 달걀지단의 인기는 어쩌면 햄보다도 높을지 모르겠습니다. 더구나 최근에는 '키토제닉(ketogenic)' 식단이 유행하면서 달걀지단을 두툼하게 넣은 김밥이 유행하고 있습니다. 키토제닉이란 탄수화물을 줄이고 지방과 단백질을 늘리는 식단인데, '키토김밥'에는 탄수화물인 밥을 아예 넣지 않고 두부, 달걀, 콜리플라워 등의 재료로 대체합니다. 최근에는 비건들을 위한 김밥도 따로 나오고 있는데, 병아리콩·구운 두부·아보카도·버섯 등을

　　　　　　　　　　　　　　　　　　　#12. 김밥

재료로 활용합니다.

　우리나라 사람들의 속을 든든하게 채워 주었던 김밥은 최근 세계적으로도 커다란 관심을 모으며 당당하게 K-푸드의 한 축을 책임지고 있습니다. 건강식에 대한 관심이 높아진 해외에서 김의 수요가 폭등하여 '검은 반도체'라는 별명까지 붙을 정도입니다. 김의 인기와 더불어 대표적인 김 요리인 김밥도 널리 알려지고 있어요. 예전과 비교하면 정말 극적인 변화에

충무김밥, 어부들의 노동 음식

충무김밥

충무김밥은 경남 통영에서 유래한 김밥을 말합니다. 원래 어부들이 뱃일을 하다가 출출할 때 빨리 먹을 수 있도록, 뱃전 아래에서 김밥을 사서 배에 탔다고 해요. 바다로 나

가기 전날 김밥을 미리 말아 놓으면 눅눅해지니까요. 바다를 품고 있는 도시답게 낙지나 오징어 등의 해산물을 맵게 무쳐서 김에 만 밥에 곁들여 팔았던 겁니다. 배 위에서 일을 하면서도 먹을 수 있도록 한입 크기로 만든 것도 '신의 한 수'였죠.

아, 그래서 이름이 왜 '충무'김밥이냐고요? 과거에는 통영을 충무라고 부르기도 했거든요. 이순신 장군의 호가 '충무공'이라는 것은 들어 봤죠? 통영은 이순신 장군이 삼도수군통제사로 조선 수군을 이끌던 시절 지휘 본부인 통제영이 있던 도시입니다. 그래서 충무라고도 불리고, 통영이라고도 불렸던 것입니다.

통영에서 인기를 끌던 충무김밥은 점차 다른 지역에도 알려졌고, 서울 명동에서도 팔기 시작합니다. 간편한 음식이고, 당시에는 오징어 같은 재료가 워낙 싸서 저렴한 분식이었어요. 지금은 오징어값이 올라서 제법 비싼 음식이 되고 말았습니다. 한국을 찾는 일본인 관광객이 특히 좋아하는 김밥이라죠.

요. 사실 서양인들은 김을 먹는다는 것 자체를 낯설게 여기곤 했거든요. 혹시 캘리포니아롤이라는 음식을 아나요? 일본의 초밥이 미국에 자리 잡는 과정에서 만들어진 미국식 요리입니다. 1960년대만 하더라도 미국인들은 날생선을 얹어 먹는 식문화가 익숙지 않았어요. 그래서 그 대신 게맛살과 아보카도,

오이를 재료로 넣고 마요네즈를 소스로 활용한 캘리포니아롤이 탄생했죠. 캘리포니아롤에도 김이 들어가는데, 미국 사람들의 반응을 고려해서 겉이 아닌 안쪽으로 말았다고 합니다.

그런 시절을 거쳐, 이제는 서양인들도 김밥에 열광하게 되었다니 참 신기하지 않나요? 미국과 유럽에서 김밥을 먹으려면 우리나라 돈으로 만 원 이상 내야 한다고 해요. 우리나라는 김밥 종주국이라 그것보다 훨씬 싸게 먹을 수 있으니, 얼마나 다행인지 모르겠습니다.

3부

주말인데 뭘 먹을까?

'치느님'은 언제나 옳다
치킨

치킨을 먹는 사람도, 치킨집을 하는 사람도 모두 많은, 그야말로 치킨 전성시대입니다. 치킨은 '튀긴 음식은 무조건 맛있다'는 진리에 황금 비율의 양념 비법까지 더해져 대중의 최애 음식으로 떠올랐죠. 우리나라에 '치킨 공화국'이라는 타이틀을 안겨 준 튀긴 닭의 이야기 속으로 함께 들어가 봐요.

대중의 입맛을 저격한 치킨

여러분, 치킨 좋아하죠? 저는 치킨광입니다. 요즘도 동료들과 술을 한잔할 때면 치킨집에 가자고 해요. 이러면 삼겹살집에 가려는 동료들이 '우우~' 하고 야유를 보내곤 하죠. 그러고 보니 제가 운영하던 이탈리안 식당의 인기 메뉴도 치킨이었습니다. 일반적인 치킨과는 조금 다른 방식으로 만들긴 하지만 사실 치킨 맛이 어디 가겠습니까. 결국 거기서 거기겠죠('반죽해서 옷을 입힌 뒤 바삭하게 튀긴다'는 공식은 공통이니까요). 그렇지만 저는 제가 개발한 치킨 메뉴에 애정을 듬뿍 담아서 '박찬일식 치킨'이라는 이름까지 붙였습니다. 이 정도면 저의 치킨 사랑이 어느 정도인지 대충 감이 오나요?

제가 치킨을 좋아하는 이유는 뻔한 답이겠지만 맛있기 때문입니다. 치킨은 사람들이 좋아할 만한 요소들을 두루 갖추고 있어요. 돈가스도 그러하듯이, 고기와 튀김의 조합은 언제나 옳습니다. 중국엔 "튀기면 책상도 맛있다"는 말이 있을 정도예요. 우리나라에선 '책상'이 '신발'로 바뀌었는데, 그만큼 각종 재료에 밀가루를 입혀 고열의 기름에서 바삭하게 튀기면 풍미가 아주 그만이라는 얘기입니다.

프라이드치킨은 닭에 소금과 후추로 간을 하고, 파우더나 반죽을 입혀 노릇하게 튀겨 낸 것입니다. 그것도 모자라 매콤달콤한 양념 소스를 찍거나 그 위에 치즈 소스를 뿌려 먹기도 하죠. 더구나 우리나라 치킨은 세계 어디에 내놓아도 손색없는 맛을 갖추고 있습니다. 한국 치킨의 명성은 갈수록 높아지고 있어요. '치맥 문화'가 K-드라마를 통해 널리 알려지면서 중국에서는 치킨과 맥주의 판매량이 급증했어요. 해외 유튜브 채널에도 외국인들이 한국식 치킨을 만들어 먹으며 감동하는 영상들이 심심치 않게 올라옵니다. 해외 포털사이트에서 'Korean chicken'을 검색하면 우리나라의 치킨 요리 이미지가 우르르 쏟아져 나옵니다. 예전에 뉴욕 맨해튼에 있는 코리아타운을 방문했을 때에도 한국식 치킨집을 찾아가 보았는데요, 가게는 외국인 손님으로 문전성시를 이루고 있었습니다.

치킨의 뜨거운 인기는 데이터로도 확인됩니다. 조사 기관과 기간에 따라 구체적인 수치는 조금씩 다르지만, 어떤 통계를 보더라도 우리나라에서 가장 인기 있는 배달 음식으로는 단연 치킨이 첫손에 꼽혀요. 보쌈·족발 같은 고기류와 중화요리, 그 밖의 다양한 한식이 뒤를 잇곤 하지만, 격차가 적지 않습니다. 그렇다면 치킨이 배달 음식으로서 갖는 경쟁력은 뭘까요? 아마도 포장이 쉽고, 맛이 비교적 잘 유지된다는 점이 아닐까 합니다.

양념치킨은 어떻게 탄생했을까?

양념치킨

중화요리 마니아들이 짜장과 짬뽕을 두고 고민하듯이, 치킨 마니아들에게도 영원히 풀 수 없는 숙제가 있습니다. 바로 프라이드치킨과 양념치킨 중에 무엇이 더 맛있을까 하는 물음이죠.

양념치킨의 기원은 비교적 정확하게 알려져 있습니다. 1980년 대구에서 치킨집을 운영하던 윤종계 씨가 처음 만들었다고 해요. 물엿과 고추장 등을 사용해서 만든 특유의 매콤달콤한 양념으로 사람들의 입맛을 사로잡았죠.

물론 그 이전에도 양념을 한 닭 요리는 있었어요. 미국의 버팔로윙이 대표적입니다. 버팔로윙은 1964년 미국 뉴욕주 버팔로시의 한 바에서 처음 선보인 요리로 알려져 있어요. 하지만 버팔로윙에는 닭 날개 부위만 쓰고, 양념의 형태도 훨씬 묽어요. 튀김옷도 얇은 편입니다. 반면 한국식 양념치킨은 바삭한 튀김에 꾸덕꾸덕한 양념을 입힌 색다른 요리입니다. 이제 양념치킨은 명실상부한 한국 요리로 자리 잡았어요.

양념치킨은 빠르게 전국으로 퍼졌고, 얼마 지나지 않아 치킨집의 기본 메뉴가 되었습니다. 요즘에는 간장이나 마늘을 활용한 치킨부터 치즈 가루를 뿌린 치킨까지, 가게마다 다양한 양념치킨을 선보이고 있어요. 지금도 끊임없이 진화하는 한국식 양념치킨! 전 세계가 열광하는 것도 무리가 아니겠죠?

흔해진 기름과 닭, 치킨의 전성기를 열다

과거에도 치킨과 비슷한 음식은 있었습니다. 기록에 따르면 세종 대왕의 식사에는 '포계'라는 이름의, 기름에 지진 닭 요리가 올라갔어요. 그러나 기름이 귀한 시절이었던 만큼 특별한 날에만 볼 수 있는 궁중 요리로 국한되었죠. 이와 달리 중국에서는 예부터 튀김 요리가 매우 발달했습니다. 돼지 사육과 땅콩 생산이 활발해 기름을 풍부하게 얻을 수 있었기 때문이에요. 참고로 돈가스의 천국인 일본에서도 음식을 튀기는 문화는 뒤늦게 발달했답니다.

그런데 1960년대 들어 우리나라에서 흥미로운 일이 벌어졌습니다. 정부가 농가 소득과 국민 영양의 개선을 위해 양계

브로일러 품종의 닭

산업을 적극적으로 밀어주기 시작한 거예요. 여기에 '브로일러'라는 외국산 육계(식용 닭) 품종이 다량 수입되면서 닭과 달걀의 공급량이 늘어나고 가격도 저렴해졌습니다. 그 무렵 서울 명동에 전기 구이 통닭집이 문을 열면서 엄청난 인기를 끌었는데, 제게도 그에 얽힌 소중한 추억이 있어요. 그 당시 아버지께서 시내에서 일을 마치고 밤늦게 귀가하는 길에 종종 전기 구이 통닭을 사 오셨거든요. 그때 통닭이 든 종이봉투에서 나던 고소한 냄새는 어린 저의 잠을 깨울 만큼 강력했답니다.

그렇다면 기름에 튀긴 프라이드치킨이 우리나라에 처음

등장한 건 언제였을까요? 콩의 대량 수입이 이뤄지고 식용유가 생산되기 시작한 1970년대 초반입니다. 1971년에 최초로 국산 식용유가 출시되자 미군 부대 근처와 시장에서 튀긴 닭을 파는 가게들이 하나둘 생겨났어요. 이후 1977년에 국내 최초의 프랜차이즈 치킨이 탄생했고, 1984년에는 미국의 유명 치킨 브랜드 KFC가 한국에 상륙했습니다. 그 뒤로도 많은 해외 치킨 브랜드가 국내 시장의 문을 두드렸지만, 국산 토종 브랜드들에 가려 크게 빛을 보진 못했습니다.

노예의 눈물이 깃든 원조 프라이드치킨

미국은 프라이드치킨의 원조로 꼽히는 나라예요. 하지만 그 배경엔 흑인 노동 착취라는 어두운 역사가 얼룩져 있답니다. 18~19세기 무렵 미국 남부의 농장주들은 로스트치킨이라는 요리를 즐겨 먹었어요. 로스트치킨은 닭의 뱃속에 감자나 당근 같은 채소를 넣고 오븐이나 그릴에 통째로 구운 요리지요. 굶주린 농장의 노예들은 농장주들이 버린 닭 뼈라도 먹기 위해 이를 기름에 튀겼는데, 바로 이것이 프라이드치킨의 효시라는 설이 지배적이에요. 미국 농장에서는 대부분 돼지를 사육하고 목화를 재배했기에 돼지기름과 목화씨에서 추출한

치킨의 정석, 프라이드치킨

기름이 흔했습니다. 프라이드치킨의 고향이 노예 농장이 많았던 미국 남부의 켄터키주나 루이지애나주인 것도 이러한 사연과 관련이 깊죠.

KFC 치킨이 세계적으로 유명하다 보니, 오랜 세월 일부 경영진에게만 전수돼 온 레시피를 폭로하겠다고 주장하는 소동도 몇 차례 일었습니다. 지난 2016년에는 KFC 치킨의 튀김옷에 들어가는 열한 가지 양념 조리법이라며 '소금, 타임, 바질, 오레가노, 셀러리 소금, 흑후추, 백후추, 머스터드 가루, 파프리카 가루, 마늘 소금, 생강 가루'가 적힌 메모장이 공개되기도 했어요. 물론 KFC 측이 이를 즉각 부인해 한바탕 소동으로 마무리됐지만 재료들의 배합이 워낙 탁월해 대중의 관심을 끌었죠. 흥미로운 점은 해당 레시피가 오늘날 프라이드치킨의 레시피와 유사한 구성을 보인다는 겁니다. 국산 치킨 브랜드들은 여기에 마늘이나 파, 카레 가루, 고춧가루, 양파 가루 등 한국적인 향신료를 추가해 독자적인 맛을 내고 있어요.

튀김과 양념으로 완성한 맛의 과학

치킨의 매력을 조금 더 파고들어 볼까요? 우선 닭고기는 돼지나 소와 달리 한 마리를 통째로 요리하기 때문에 여러 부위를 골고루 맛볼 수 있습니다. 게다가 치킨의 가격은 비교적 저렴해요. 불과 2만 원대로 여럿이서 즐길 수 있는 고기 요리는 흔치 않으니까요. 괜히 대중 음식이 아닙니다.

방금 튀긴 프라이드치킨의 경우 수분이 보존돼 육질이 촉촉한 데다, 기름까지 적절히 품어 고소하고 바삭합니다. 수분이 많이 빠져나간 고기는 질기고 퍽퍽한데요, 튀김은 별다른 기술 없이도 수분을 잘 지켜 주는 조리법이거든요. 여기에 양념도 한몫을 합니다. 오늘날 다양한 요리에서 설탕과 각종 조미료는 음식의 맛을 더하죠. 치킨에서도 마찬가지인데, 저는 이것이 문제라고는 생각하지 않습니다. 2만 원대 요리에서 최고의 미각 쾌락을 느끼려면 조미료의 힘을 빌리는 게 안전한 선택이 아닐까요?

여기에 배달 문화 확산, 치킨을 파는 맥줏집의 성업, 급식용 대량 납품 등이 치킨의 전성시대를 굳건히 뒷받침해 주고 있습니다. '치느님', '치킨 공화국'이라는 말이 괜히 탄생한 게 아니죠. 그런데 저는 이러한 용어들에 치킨에 대한 칭송의 의미만 담겨 있다고 보지는 않습니다. 치킨이 서민의 한 끼 외식, 배달 음식의 강자로 올라선 데에는 갈수록 팍팍해지는 우리 사회의 경제 사정도 반영돼 있지 않을까요? 소비자의 입장에서는 비교적 값싼 고기로 맛나게 만든 음식이고, 공급자의 입장에서는 창업이 쉬운 아이템이라는 다소 서글픈 이유가 치킨의 강력한 인기 비결 가운데 하나라는 추측입니다. 물론 치킨은 너무 맛있고, 그 자체로 아무런 죄가 없습니다. 굳이 꼽자면 다이어트의 적이라는 사실 정도랄까요?

굽기만 한다고 되는 게 아냐
스테이크

스테이크는 동서양을 막론하고 고급스러운 요리로 여겨
지죠. 그래서 특별한 날의 만찬 메뉴로 손꼽혀요. 거꾸로
스테이크를 먹어서 평범한 날이 특별하게 기억될 수도
있을 거예요. 그럼 함께 스테이크를 썰러 가 볼까요?

어떤 스테이크를 드시겠습니까?

스테이크는 두툼한 육류를 불에 직접 구워 먹는 아주 고전적인 요리입니다. 예전에는 주로 소고기, 그중에서도 등심 부위만을 스테이크 재료로 취급했죠. 그러다 점점 시간이 흐르면서 안심 등 다른 부위도 스테이크의 재료로 메뉴에 올랐고, 요즘은 뭐든 간에 두툼한 고기를 구운 음식 자체를 스테이크라고 칭합니다. 돼지고기, 닭고기, 심지어 생선까지 말이에요. 생선 스테이크라고 하면 연어 스테이크나 참치 스테이크가 대표적이죠.

불을 어떻게 사용하는지도 시대의 흐름에 따라 바뀌었어요. 옛날에는 스테이크를 어떤 불에 어떻게 굽느냐가 무척 중요한 문제였습니다. 장작불 위에 바로 고기를 놓는 방식, 즉 불에 석쇠를 얹어서 고기를 굽는 직화 구이만이 스테이크 요리법이라고 여겨졌습니다. 고기 겉면은 바삭하게 태우듯 구워서 풍미를 살리고, 안쪽은 촉촉하게 유지하는 것이 핵심이었어요. 하지만 지금은 그런 것이 중요하지 않죠.

팬에 굽는 '팬 시어링', 일정한 온도의 물속에서 천천히 익히는 '수비드', 심지어 에어프라이어나 오븐도 스테이크 조리에 사용되고 있어요. 가스레인지든 인덕션레인지든, 무쇠 팬이든 스테인리스 팬이든 상관없습니다. 중요한 건 어떤 방식

그럼에도 불구하고 스테이크가 아닌 것

로스트비프와 바비큐

우선 '오븐에 구운 고기'는 스테이크가 아닙니다. 오븐은 불이 아니라 열기로 재료를 익히거든요. 불이나 전기로 공기를 데워 음식을 조리하는 거예요. 오븐에서 조리한 소고기는 '로스트비프'라고 불리죠. 직화 구이로 조리한 후 오븐에서 추가로 익히는 요리는 또 다른 종류랍니다.

'바비큐'도 스테이크가 아니에요. 매우 질겨서 직화 구이로 먹기 힘든 고기를 약한 불에 오래, 또는 연기로 익히며 조리하는 음식이거든요. 이렇게 하면 육질이 부드러워지고 나무나 숯의 향이 배어서 아주 맛나답니다.

스테이크가 비교적 부드러운 등심과 안심을 주로 조리하는 것에 반해, 바비큐는 조금 질긴 뱃살과 엉덩이 살, 어깨 살을 굽는 것이 일반적입니다. 또 스테이크는 강한 불로 10~20분 내에 조리하지만, 바비큐는 상대적으로 온도가 낮은 불에서 7~8시간, 또는 하루나 이틀을 꼬박 굽습니다.

으로 구웠는지가 아니라, 얼마나 육즙을 잘 살리고 얼마나 먹기 좋게 익혔느냐예요.

서로인 스테이크는 어떠십니까?

원래 스테이크 하면 등심이었어요. 지금도 스테이크로 가장 많이 요리되는 부위이기도 하고요. 등심 스테이크를 영어권에서는 '서로인(sirloin)'이라고 흔히 부릅니다. 서로인이라는 이름은 영국 왕 제임스 1세로부터 시작됐다는 설이 있어요. 하루는 그가 스테이크를 먹다 말고 시종에게 이렇게 물었다고 해요.

"어떤 부위로 요리했기에 고기가 이토록 맛있는 것이냐?"

시종이 '로인(loin, 등심)'이라고 대답하자 제임스 1세는 이어 이렇게 말했습니다.

"그 고기에 기사 작위(sir)를 내리노라. 이제부터 이 고기는 **서로인**이다!"

왕이 어떤 음식을 먹고 감동하여 음식의 이름을 새로 지어 주었다는 이야기는 여러 문화권에서 발견됩니다. 조선 시대

서로인 기사 작위를 받은 남성을 높여 부르는 '서(sir)'라는 표현을 고기 부위 앞에 붙인 것

선조가 피난길에 '묵'이라는 생선을 먹고 너무 맛있어서 '은어'라는 이름을 붙여 주었다가, 나중에 다시 먹어 보고 실망하여 생선 이름이 '도루묵'이 되었다는 이야기는 유명해요.

사실 이런 이야기들은 대부분 출처를 확인하기 어려운 전설에 가깝습니다. 서로인의 이름에 얽힌 사연도 마찬가지예요. 하지만 실제로 서로인이 등심 중에서도 가장 품질이 좋은 부위라는 점은 분명합니다. 특히 서로인스테이크는 적당한 마블링(근육 사이의 지방 분포)과 부드러운 식감으로 스테이크 애호가들에게 꾸준히 사랑받아 왔어요. 중세 시대부터 귀족들의 식탁에 올랐던 등심은 오늘날까지 '스테이크의 왕'으로 불리고 있습니다.

등심 다음으로 스테이크에 많이 쓰이는 안심에도 흥미로운 일화가 있습니다. 안심은 '샤토브리앙'으로도 불리는데, 이는 원래 사람 이름이에요. 안심을 사랑한 19세기 프랑스 귀족 샤토브리앙 남작의 이름에서 유래했습니다. 오늘날 서로인과 샤토브리앙은 레스토랑에서 정식 메뉴 이름으로 쓰인답니다. 등심스테이크와 안심스테이크를 먹고 싶다면 한번 이렇게 주문해 보세요.

"서로인과 샤토브리앙 주세요!"

굽기는 어떻게 할까요?

그런데 부위만 고른다고 끝이 아니에요. 레스토랑에서 스테이크를 주문하려면 꼭 알아 두어야 할 것이 있습니다. 바로 굽기 정도예요. 스테이크의 굽기를 영어로는 '스테이크 템퍼러처'라고 하죠. 영어로 '굽다'는 roast, grill인데 왜 '온도'라는 뜻의 temperature를 붙여 말할까요? 이는 고기 내부의 온도로 굽기 정도가 결정되기 때문입니다. 겉모습만으로는 굽기를 구분할 수 없고요.

스테이크 굽기는 공식적으로 여섯 단계로 나눌 수 있습니다. '블루', 섭씨 53도의 '레어', 57도의 '미디엄 레어', 63도의 '미디엄', 67도의 '미디엄 웰', 71도의 '웰 던' 순입니다. 온도는 구운 스테이크 속에 뾰족한 온도계를 찔러 넣어 잴 수 있죠. 이에 따르면 레어는 고기 속이 붉지만 따뜻하게 구워진 상태랍니다. 흔히 생각하는 피가 뚝뚝 떨어지는 고기가 아니에요. 그런데 블루는 왜 온도 기준이 없냐고요? 구웠으나 속이 차가운 고기를 통틀어 블루라고 합니다. 고기가 파란색이 지닌 이미지처럼 창백한 느낌이라서 이런 이름이 붙었다고 하죠.

어느 굽기로 스테이크를 먹든 개인 취향의 영역이지만, 건강을 위해서라면 미디엄 이상으로 먹는 것이 좋습니다. 그러나! 고기를 너무 많이 익히면 육즙이 빠져나간다는 점도 명심

하세요. 그럼 고기가 퍽퍽해지고 딱딱해진답니다. 고기와 함께 육즙이 적당히 데워져야 우리 혀가 감칠맛을 느끼죠. 실제 고급 레스토랑에서는 미디엄 레어가 가장 인기 있어요.

제공된 스테이크의 굽기가 주문 내용과 다르다면 다시 조리해 달라고 요청할 수도 있습니다. 고급 식당일수록 이런 요구에 친절히 응대하는 편입니다. 손님이 생각하는 고기 굽기와 요리사의 굽기 개념이 조금 다를 수도 있으니, 손님의 의사에 맞추겠다는 뜻이죠.

스테이크의 변신은 끝나지 않았다

스테이크가 우리나라에서 중요한 외식 요리 중 하나로 등극한 것은 1990년대 이후입니다. 서양식 패밀리 레스토랑이 경양식을 대체하는 과정에서 스테이크도 본격적으로 알려지게 된 것입니다. 대중적으로 전파된 돈가스나 카레 등과는 달리 여전히 비싼 고급 요리로 여겨지고 있죠. 하지만 스테이크 문화도 점점 변화하고 있습니다.

우선 저온 조리 스테이크가 대중화되고 있어요. 예전에는 스테이크를 셰프가 직화로 굽는 기술이 핵심이었다고 얘기했죠? 요즘에는 비교적 저온의 물속에서 고기를 천천히 익히는

                    #14. 스테이크

수비드 조리법이 고급 레스토랑은 물론 가정에서도 쓰이고 있을 정도예요. 수비드란 진공포장 된 고기를 섭씨 50~60도 정도의 물속에서 수 시간 익힌 후 팬이나 그릴에서 겉면만 살짝 굽는 방식입니다. 일정하게 익으면서 식감도 부드러워 요리에 실패할 확률이 낮아서 좋아요. 하지만 강렬한 직화 구이의 맛은 없으니 '호불호'가 나뉘는 스테이크입니다.

아까 스테이크의 재료 또한 다양해졌다고 했는데, 심지어 이제는 식물성 스테이크도 등장했어요. 요즘 스테이크 세계에서 가장 뜨거운 변화 중 하나는 식물성 대체육입니다. 비욘드 미트, 임파서블푸드 등 미국의 스타트업 회사들이 개발했는데요, 콩·쌀·식물성단백질 등으로 고기 맛과 식감을 최대한 재현했다고 합니다. 이미 시중에 있는 콩고기와는 좀 다른, 스테이크다운 식감과 모양을 보여 줍니다. 이는 환경보호, 동물 복지, 건강한 단백질 공급이라는 세계적 흐름을 반영한 것이기도 하죠. 이밖에도 연구자들은 **배양육** 스테이크를 개발하고 있습니다. 2025년에는 국내에서 스테이크 형태의 배양육 개발에 성공했다는 소식도 나왔어요. 만약 진짜 고기와 맛이 거의 비슷한 배양육이 상용화된다면, 앞으로는 동물을 도축하지 않고서도 맛있는 스테이크를 먹을 수 있을지도 모릅니다.

배양육 동물을 도축하지 않고 줄기세포를 활용하여 실험실에서 만들어 낸 고기

신메뉴 등장!

　다른 한편 최근 인기가 고공 행진하는 스테이크가 있습니다. 바로 티본스테이크와 토마호크스테이크입니다. 이 둘은 기존에 없던 부위로 만든 거예요. 물론, 소가 변신을 해서 없던 부위가 갑자기 생긴 것은 아닙니다. 도축 방법을 바꾸면서 나온 새로운 부위일 뿐이에요. 원래 소를 도축하고 정형할 때 등심은 등심대로, 안심은 안심대로 잘랐어요. 그런데 티본스테이크에 쓰이는 부위는 소의 뼈에 등심과 안심이 같이 붙어 있도록 자른 것입니다.

　덕분에 티본스테이크는 두 가지 맛을 한 번에 즐기는 메뉴로 통합니다. 등심의 풍부한 육즙과 안심의 부드러운 식감을 동시에 즐길 수 있는 거죠. 뼈를 포함하여 무게도 많이 나가기 때문에 가격이 꽤 비싸지만, 시각적으로 압도적이며 덩어리가 커서 인기가 좋아요. 하지만 등심과 안심의 조리 시간이 다르기 때문에 티본스테이크를 맛있게 구우려면 숙련된 요리사의 솜씨가 필요합니다.

　토마호크스테이크는 고기를 뼈에 붙어 있는 상태로 자른 부위를 조리한 거예요. '토마호크'란 원래 북아메리카 원주민들의 도끼를 가리키는 말이었답니다. 도축한 고기 모습이 이 도끼와 닮았다고 해서 토마호크스테이크라는 이름이 붙은 거

티본스테이크와 토마호크스테이크

죠. 토마호크의 긴 뼈는 단순한 장식이 아닙니다. 뼈에서 나오는 골수와 콜라겐이 조리 과정에서 고기에 깊은 풍미를 더해 주거든요. 물론 길쭉한 뼈를 구경하는 재미도 빼놓을 수 없겠지만요.

비싼 음식이라서, 혹은 고급 식당 메뉴라는 이유로 종종 우리는 스테이크 앞에서 작아지곤 합니다. 하지만 이제 그럴 일이 없을 거예요. 이미 이렇게 같이 식사를 했으니까요. 머리도 채우고 자신감도 채웠으니, 어서 위장을 채우러 갑시다!

사시사철 각양각색
냉면

칼국수, 비빔국수, 잔치국수, 메밀국수, 막국수, 콧등치기국수, 밀면, 라면, 짜장면… 한국에는 국수 종류가 정말 많습니다. 여기에 냉면을 빠뜨릴 수 없죠. 오늘은 시원한 냉면의 세계로 빠져 볼까요?

서울에서 가장 오래된 냉면집, 우래옥의 옛 모습

냉면의 고향, 평양

　우리가 아는 냉면은 물냉면과 비빔냉면, 두 종류로 나뉩니다. 보통은 차가운 육수에 면을 말아 먹는 물냉면을 냉면의 원조로 여깁니다. 냉면 좀 먹는다는 사람들은 물냉면 중에서도 평양냉면을 최고로 꼽곤 하죠. 북한 또한 냉면이 평양의 자랑이라고 말하는데, 근거 없는 말은 아니랍니다. '냉면 하면 평양냉면!'이라는 옛날 기록이 여럿 남아 있거든요. 『동국세시기』에는 "메밀국수를 무김치와 배추김치에 말고 돼지고기를 섞은 것을 냉면이라고 한다. 관서 지방(평안도)의 냉면, 그중에서도 평양냉면의 맛이 가히 일품이다."라고 적혀 있습니다.

　원조 평양냉면은 과연 어떤 모습이었을까요? 서울에서 가장 오래된 냉면집인 '우래옥'에서 1962년부터 2020년까지 근무한 김지억 할아버지를 인터뷰한 적이 있습니다. 김 할아버지는 6·25전쟁 때 평양에서 서울로 이주해 왔어요. 그의 말에 따르면 원래 평양냉면은 김칫국에 메밀로만 만든 면을 넣어 먹는 음식이었다고 해요. 동치미 국물을 쓰기도 하고, 배추김치 국물을 쓰기도 했다죠. 아, 배추김치라고 해도 우리가 먹는 것과는 좀 다릅니다. 평양의 배추김치는 물을 많이 쓰고 고춧가루를 적게 쓰며 젓갈은 아예 안 넣거나 아주 조금만 넣거든요. 매콤함보다 시원한 맛이 일품이죠. 그리고 가끔은 김칫국

에 소나 닭 육수를 더하고, 삶은 돼지고기를 고명으로 얹기도 했다고 합니다. 요컨대 '원조 평양냉면은 이렇다!'라고 할 만한 정답이 따로 없는 겁니다. 만드는 사람 맘대로 육수와 고명이 제각각이니까요. 각자의 형편에 따라 적당히 만들어 먹으면 그만인 것이죠.

한편 비빔냉면 중에서는 함흥냉면이 최고로 손꼽히곤 합니다. 홍어, 명태, 가오리 등의 생선을 맵게 양념하여 면에 얹어 먹는 식이에요. 최근 나온 인스턴트 냉면은 '물은 평양, 비빔은 함흥'이라는 문구로 홍보도 하더군요. 북한에서는 함흥냉면에 물냉면도 포함합니다만, 남한에서는 피난 온 실향민이 매운 비빔면 형태로 함흥냉면을 팔기 시작한 탓에 '함흥냉면은 비빔냉면'이라는 인식이 굳어졌어요. 함흥냉면의 면은 메밀이 아니라 고구마 전분으로 만들기 때문에 평양냉면에 비해 아주 쫄깃하답니다.

국민 음식이 된 냉면

냉면은 어떤 사람들이 언제부터 먹었을까요? 냉면에 관한 다양한 옛 기록은 오래전부터 남녀노소, 신분 고하를 막론하고 누구나 냉면을 먹었다는 것을 증명합니다. 임금도 냉면을 먹었냐고요? 말해 뭐 해요. 조선 말기의 문신 이유원이 쓴 『임하필기』에는 순조가 밤에 냉면을 먹었다는 기록이 있어요. 임금이 야심한 밤에 냉면이 먹고 싶다 하니 신하가 밖에 나가 면을 사 왔다는 이야기죠. 임금의 음식을 만들던 조선 최고의 부엌, 수라간에서도 밤에는 냉면을 뽑을 수 없었던 모양입니다. 고종 또한 덕수궁(당시 경운궁)에 머물던 시기에 냉면을 밤참으로 즐겼다고 합니다. 대한문(덕수궁의 정문) 밖 국숫집에서 사 온 사리를 육수에 말아 밤참으로 먹었다고 해요. 고종이 배를 얹은 냉면을 특히나 좋아해서, 이 냉면을 '고종 냉면'으로도 부르지요.

한 가지 재미있는 사실이 더 있습니다. 요즘은 냉면을 배달시켜서 먹기보다는 직접 가게에 가거나 집에서 만들어 먹곤 하지만, 한때 냉면은 배달 음식의 대표 주자였어요. 구한말에서 일제강점기, 광복 이후까지 냉면은 두루 사랑받는 배달 음식이었다고 합니다. 1930년대 인천의 유명한 냉면집에서 서울까지 자전거로 배달했다는 기록도 있답니다. '사정옥'이라는 가게인데, 지금은 사라졌습니다. 얼마나 맛있었길래 인천에서 서울까지 배달시켜 먹었을지 궁금하지 않나요?

1960년대엔 양계 사업이 활발해지면서 김칫국보다 닭 육수를 많이 쓰기 시작했고, 1980년대 이후로는 소고기가 저렴해지면서 소고기 육수를 쓰는 냉면집이 많아졌습니다. 앞으로 우리 식탁 위 사정이 어떻게 변하는가에 따라서 냉면의 모습도 바뀌겠죠? 냉면은 이처럼 먹거리 사정에 따라 자유자재로 변주할 수 있어서 진정한 국민 음식인 걸지도 모르겠어요.

일본에도 냉면이 있다고?

그렇다면 냉면은 한국에만 있는 음식일까요? 냉면은 분명한 한국 음식이지만, 일본에도 냉면으로 유명한 도시가 있습니다. 일본 북쪽 끝에 자리 잡은 모리오카라는 작은 도시지요. 여기서 냉면을 파는 가게를 모두 합치면 400여 곳이 넘는다고 합니다. 그런데 이 도시에서 파는 냉면은 어떤 의미로는 '일본식 냉면'이 아니에요. 여기에는 조금 복잡한 역사가 얽혀 있습니다.

저는 15년 전에 모리오카를 직접 취재하러 간 적이 있습니다. 오직 그곳에 한국식 냉면이 있다는 말을 듣고 찾아간 것이었어요. 재일교포 변용웅 씨가 운영하는 '뽕뽕사'라는 냉면집에서 이른바 '모리오카 냉면'을 처음으로 먹어 보았습니다. 쫄깃한 밀가루와 전분으로 만든 면, 묵직하고 진한 육수, 깍두기를 올린 고명까지. 우리가 아는 평양냉면과는 다른 특이한 맛이었죠. 모리오카 냉면을 먹어 본 한국 사람들의 평가는 엇갈립니다. 특이하고 맛있다는 평도 있고, 평양냉면과 달라 어색하다는 말도 있어요. 그럴 수밖에 없죠. 현지화된 것이니까요. 우리가 먹는 짜장면이 중국 현지의 작장면과는 많이 다른 것처럼요.

그런데 인구 13만 명의 작은 도시 모리오카는 어쩌다 냉면의 도시가 된 걸까요? 1945년 해방 당시 이 지역에 사는 한국인은 1만 명이 넘었다고 해요. 철광석과 유황 광산에 징용 온 사람들이었죠. 이때 도쿄에서 이 도시로 건너온 양용철 씨가 이곳에 냉면집을 차렸다고 합니다. 먹고살기 위해서였죠. 저는 양용철 씨의 아들을 직접 만나 인터뷰를 해 보았습니다. 그는 아버지가 차린 냉면집을 여전히 운영하고 있어요. 식당 이름은 '식도원(쇼쿠도엔)'이에요.

혹시 일본에 갈 기회가 있다면 모리오카의 냉면을 먹어 보기를 추천합니다. 억세고 슬픈 우리 민족의 역사가 배어 있는 음식의 맛을 체험할 수 있을 거예요. 쇼쿠도엔 말고도 많은 한국식 냉면집이 있으니 원하는 곳을 찾아가 보세요.

냉면은 겨울 음식

이가 시리도록 차가운 육수를 들이켜고, 면을 입안 가득 넣고 씹다 보면 더운 여름을 거뜬히 이겨 낼 수 있을 것 같아요. 이게 냉면의 매력입니다. 그래서 여름은 냉면집의 성수기, 겨울은 비수기라고들 하죠. 하지만 흥미롭게도 원래 냉면은 겨울 음식이었습니다. 조상들은 왜 추운 겨울에 냉면을 먹었을까요? 생각해 보면 어려운 문제는 아니랍니다.

냉면 사리를 만드는 주재료인 메밀은 늦가을에나 수확해서 겨울에야 먹을 수 있었습니다. 잘 보관했다가 이듬해 여름에 먹으면 되지 않냐고요? 옛날엔 식량 사정이 좋지 않았어요. 메밀을 다음 여름까지 손대지 않고 고이 보관할 형편이 아니었을 겁니다. 게다가 그 옛날에는 냉장고가 없었으니 여름에 얼음이나 시원한 육수를 구하기도 아주 힘들었죠. 얼음을 사시사철 구할 수 있었던 사람들은 왕실이나 고위층에 국한되어 있었습니다. 얼음이 사치품이었던 거예요.

게다가 면을 만드는 것도 겨울에 더 쉬웠어요. 메밀 반죽을 친 뒤 국수틀에 넣어 면을 뽑으려면 여러 사람이 다 같이 애를 써야 했거든요. 농사일이 바쁘지 않은 겨울이 되어야 여럿이 힘을 모아 면을 뽑을 수 있었죠. 여러모로 냉면은 겨울에 먹을 수 있는 음식이었습니다. 물론 여름에도 얼음을 구할 수 있는 오늘날에도 굳이 냉면을 겨울 음식이라고 우길 필요는 없을 거예요. 무더운 여름만큼 냉면을 먹기 좋은 계절이 또 어디 있겠어요?

메밀면 만들기

19세기 말 민속화가 김준근의 그림을 보세요. 1882년 이전에 그려진 그림으로, 현재 독일 베를린민족학박물관이 소장한 〈국수 누르는 모양〉이죠. 그림 속에서는 두 남자가 면을 뽑기 위해 애를 쓰고 있어요. 한 사람은 아궁이 앞에 있고, 다른 사람은 벽에 매달려 온몸으로 국수틀을 누르고 있네요. 벽에

김준근, 〈국수 누르는 모양〉

매달린 남자가 체중으로 누르는 힘 덕분에 메밀 반죽이 면으로 뽑혀 솥 안으로 쏟아져 들어갑니다.

메밀가루는 밀가루와 달리 탄력이 적어요. 쫄깃한 질감을 내는 글루텐이 메밀에는 들어 있지 않거든요. 그래서 딴딴하게 반죽하여 강한 압력으로 눌러야 면으로 뽑을 수 있답니다. 오늘날 냉면집의 국수틀도 그림 속 국수틀과 크게 다르지 않아요. 금속으로 만들고, 사람 대신 기계가 누른다는 점은 다르지만 순간적으로 강한 힘을 가해 면을 뽑는 방식은 똑같습니다. 이를 두고 압출식 면이라고 하죠. 메밀에 탄력이 적어서 주의해야 할 점이 하나 더 있는데, 빨리 물에 넣지 않으면 서로 들러붙는다는 거예요. 그래서 메밀면은 뽑자마자 물에 넣어야 하고 재빨리 젓가락으로 면을 휘저어야 합니다. 그림 속에서는 아마도 아궁이 앞에 있는 남자가 이 역할을 맡은 것 같군요.

앞서 함흥냉면 사리를 고구마 전분으로 만든다고 했듯, 꼭 메밀만이 냉면 재료가 되는 건 아닙니다. 6·25전쟁 중 부산에는 북한에서 온 피난민이 다수 모여 살아서 냉면집이 많았습니다. 이들은 당시에 구하기 어려웠던 메밀 대신 원조 물자로 들어온 밀가루를 써서 냉면을 만들었고 이것이 세월을 거듭해 발전하며 오늘날 부산의 명물, 밀면이 되었죠.

냉면을 먹는 방식은 개인마다 다릅니다. 식초와 겨자를 뿌린다는 둥 안 뿌린다는 둥, 고기와 달걀 고명을 면보다 먼저 먹냐는 둥 나중에 먹냐는 둥, 달걀 속 노른자를 육수에 푸냐는 둥 안 푸냐는 둥, 냉면을 둘러싼 논쟁거리는 끝이 없어요. 하지만 어떻게 먹든 무슨 상관이겠어요? 여름의 뜨거움을 맛있는 냉면으로 한 김 식힐 수 있다면 된 거죠! 평양냉면이든 함흥냉면이든 밀면이든, 뭐든 좋으니 냉면으로 뱃속을 시원하게 해 봅시다.

한국인의 최애, 불판 위의 슈퍼스타
삼겹살

한국은 세계에서 고기 굽는 불판 종류가 제일 많은 나라일 겁니다. 직접 취재한 결과 100종이 넘더군요. 비슷한 것끼리 묶어서 봐도 50종은 훌쩍 넘죠. 솥뚜껑, 석쇠, 그릴… 형태도 무수하고 무쇠, 철, 스테인리스, 돌… 소재까지 다채로워요. 불판이 이렇게 다채로워진 데는, 물론 삼겹살의 공이 가장 클 겁니다!

돼지는 유구하나 삼겹살은 유구하지 않다

농경 사회에서 돼지는 가정에서 기르기 좋은 가축이었습니다. 겨나 짚 따위의 농업 부산물, 먹다 남은 음식물 찌꺼기만 줘도 무럭무럭 잘 컸거든요. 잘 키운 돼지 한 마리는 잔칫상에 내놓아 손님을 대접하기에도 좋고, 장날에 내다 팔아서 살림 보태기에도 좋았어요. 이처럼 돼지는 역사가 오래된 가축이랍니다. 그러면 우리 조상님들도 삼겹살을 즐겨 먹었을까요? 아닙니다. 삼겹살의 역사는 뜻밖에도 짧습니다. 보통 잔칫날 먹는 돼지고기라고 하면 큰솥에 삶은 수육을 일컬었죠. 옛 조리서에도 돼지고기를 삶아 먹도록 안내되어 있고요. 돼지고기를 구워 먹는 일은 매우 드물었던 겁니다.

오늘날 돼지고기는 한국인들이 가장 사랑하는 고기입니다. 실제로 한국농촌경제연구원이 내놓은 통계 자료에 따르면, 2024년 1인당 돼지고기 소비량은 대략 30킬로그램으로, 소고기와 닭고기를 거의 두 배나 앞질렀다고 해요. 같은 기관에서 진행한 설문 조사에서도 돼지고기는 무려 60퍼센트가 넘는 득표율로 한국인이 가장 좋아하는 고기로 꼽혔습니다. 돼지고기의 인기를 견인한 일등 공신은 아마도 삼겹살이었을 거예요.

이쯤에서 자연스럽게 질문이 하나 떠오릅니다. 왜 우리 조

재래종 돼지

상들은 돼지고기를 즐겨 먹지 않았을까요? 우선 돼지를 기르는 것이 경제적이지 않았기 때문입니다. 소는 농사를 돕고 말은 군사 및 이동 수단이죠. 닭은 달걀을 낳습니다. 돼지는 다른 쓰임새가 없을뿐더러 먹이도 많이 먹었어요. 게다가 한국의 토종 돼지는 성장 속도가 느리고 덩치가 작아요(털 색깔도 분홍빛이 아니라 검은색입니다). 무엇보다도 당시의 돼지는 지금처럼 맛이 좋지 않았습니다. 사람이 먹고 남은 잔반을 먹여서 기른 돼지의 고기는 안 좋은 냄새를 풍기거든요. 요즘 우리가 고소한 돼지고기를 즐길 수 있는 건 품종 개량 및 사육 기술의 발전 덕분이에요.

#16. 삼겹살

심지어 삼겹살이란 말은 기록에서 찾아보기조차 힘듭니다. 『조선요리제법』에 실린 "세겹살(삼겹살의 옛말)은 돈육 중에 제일 맛있다."라는 문구가 삼겹살과 관련된 최초의 기록으로 보입니다. 또한 1934년 《동아일보》에는 "돼지고기의 맛으로 말하면 소와 같은 부위가 많지 않으나 뒤 넓적다리와 배 사이에 있는 세겹살이 제일 맛이 있다."라고 적혀 있죠. 돼지를 주로 삶아 먹었고, 세겹살이라는 말도 1900년대에야 쓰기 시작한 우리가 삼겹살을 구워 먹기 시작한 건 언제부터일까요?

삼겹살, 어디서 시작됐을까?

강원도 영월에 가면 '삼겹살구이의 발상지'라고 적힌 큼직한 표지판을 볼 수 있어요. 진짜 영월에서 삼겹살구이가 탄생한 걸까요? 1980년대까지 우리나라는 연탄을 많이 썼습니다. 연탄의 원료가 되는 석탄은 주로 강원도에서 났죠. 석탄을 캐는 광부들 사이에서는 진위를 알 수 없는 소문이 하나 돌았는

『조선요리제법』 이화여자전문학교 가사과 교수였던 방신영이 저술한 책. 1917년에 출판되었다. 입으로만 전해지던 우리나라 전통 음식의 조리법을 체계적으로 정리한 요리서다. 재료의 양을 계량하여 소개하는 등 조리 과학의 발전과 대중화에 이바지했다는 평가를 받는다.

데, 목에 낀 탄광 먼지를 씻어 내는 데 삼겹살구이가 제일이라는 말이었어요. 이 덕분에 삼겹살은 광부들의 단골 식사 메뉴가 되었고 이게 삼겹살구이의 시작이라는 설이 있습니다.

하지만 삼겹살구이가 영월에서 탄생했다는 설은 공식적인 기록이 없어서 틀림없는 사실이라 단언할 순 없답니다. 한편 충청북도 청주가 삼겹살구이의 발상지라는 주장도 있어요. 실제로 청주 시내에는 50년 넘도록 자리를 지키고 있는 아주 오래된 삼겹살집이 여럿 있죠.

그렇다면 삼겹살구이가 국민적인 외식 코스가 된 건 언제부터일까요? 제 기억으로는 1970년대 서울에서 돼지고기가

#16. 삼겹살

유행하기 시작했어요. 1970년대 후반부터 1980년대 초반까지 대중적인 인기에 힘입어 돼지고기 식당이 우후죽순 생겼습니다. 여기서 삼겹살이 아니라 돼지고기라고 말한 이유는, 당시에는 삼겹살구이보다 돼지갈비구이가 더 흔했기 때문이에요. 상황이 차츰 역전되어 지금은 삼겹살구이 전문점이 훨씬 많아졌지만요.

한국 사람들이 삼겹살을 사랑하게 된 이유

1970년대 이후 돼지고기 식당이 대중화된 것은 돼지 사육장이 크게 늘었기 때문입니다. 그 당시에는 삼성 같은 큰 회사도 돼지를 사육했어요(지금의 에버랜드가 원래는 돼지 농장이었다는 사실, 알고 있었나요?). 휴대용 가스레인지와 휴대용 가스연료가 등장한 덕도 있습니다. 돼지고기를 부엌에서 구워 손님 자리에 내놓으면, 그 잠깐 사이 고기가 식고 뻣뻣해집니다. 손님이 상에서 바로 구워 먹어야 고기의 참맛을 즐길 수 있는데, 그렇다고 손님상에 숯이나 연탄을 놓기란 여간 번거로운 일이 아니었어요. 이때 휴대용 가스레인지와 휴대용 가스연료가 등장해 가려운 부분을 긁어 주었으니, 돼지고기 식당이 날개를 단 격이었습니다. 이 둘만 있으면 어떤 식탁에서도 바로 고기를 구워 먹을 수 있으니까요.

1980년대 들어 한국 경제가 성장하고 기업들이 나날이 커지는 가운데 직장 회식 문화 또한 삼겹살 열풍에 불을 붙였습니다. 일주일 중 무려 6일을 미친 듯이 일하고 퇴근 후 직장 동료끼리 식사하는 것이 그 시절 일상이었죠. 지금과 달리 당시에는 토요일도 일하는 날이었다 보니, 고기를 곁들인 든든한 식사를 찾을 수밖에요. 게다가 회식 메뉴로는 값이 저렴하면서도 호불호가 극명히 엇갈리지 않는 음식이 선호되기 마련입니다. 모든 조건에 들어맞는 것이 바로 삼겹살이었죠. 더군다나 고기를 불판에 올려 구워 먹는 것이 끝이니 조리 시간도 길지 않고요.

1997년 외환위기가 터졌을 때도 삼겹살의 인기는 좀체 식지 않았답니다. 가슴 아픈 시기, 사람들은 값이 싼 삼겹살을 나눠 먹으며 서로를 위로하고 다시 일어설 힘을 다졌습니다. 기업에서 해고된 근로자가 생계를 위해 삼겹살집을 대거 차린 것도 삼겹살 대중화에 한몫했고요.

1997년 외환위기 1997년 원화 가치가 떨어지면서 발생한 한국의 경제 위기. 정부의 비정상적인 외환 운용과 기업의 방만한 운영으로 국가 부도(돈을 받기로 한 경제주체가 이를 받지 못하는 일) 사태가 벌어졌다. 기업이 파산하여 근로자는 월급을 제때 받지 못하거나 해고되는 경우가 많았다. 이 시기 실업률 및 자살률 증가, 사회 양극화 등의 사회문제가 드러났다.

삼겹살의 인기에 힘입어 돼지의 품종 개량도 나날이 발전했어요. 참고로 삼겹살은 원래 돼지고기 중에서 가장 비싼 부위였답니다. '만약 돼지 몸에서 삼겹살이 많아진다면 고기 가격을 낮출 수 있지 않을까?' 하는 생각으로 품종 개량에 뛰어들게 된 거예요. 축산가들은 고기 맛이 뛰어난 요크셔돼지, 랜드레이스돼지, 듀록돼지를 교배해 맛있는 삼겹살을 많이 얻을 수 있는 돼지를 육성했답니다.

천하제일 삼겹살 대회

맛있는 삼겹살을 팔기 위한 치열한 노력은 축산가에서 끝나지 않았습니다. 삼겹살집들은 다른 식당보다 더 맛있는 메뉴를 선보이기 위해 연구하고 경쟁해 왔어요. 삼겹살집이 워낙 많아서 독자적인 연구 없이는 살아남기 어려웠으니까요. 식당들이 가장 먼저 신경 쓰는 것은 불판과 열원입니다. 고기를 어느 불에 어떻게 구울 것인지가 맛을 좌우하니까요. 연구 끝에 솥뚜껑을 모방하거나 특수 소재를 쓰는 불판이 등장했어요. 앞서 말한 100종에 이르는 불판이 탄생한 것이죠. 한편 불, 숯, 연기 등 열원도 다양해졌습니다. 불에 직접 구운 고기는 직화 구이, 숯을 이용해 굽는 건 숯불 구이, 연기에 익히는 것은 훈제라고 불러요.

삼겹살집 경쟁에 과연 끝이 있을까요? 삼겹살 대회의 마지막 선수는 바로 양념입니다. 쌈장과 기름장만 삼겹살에 곁들일 소스로 제공되던 옛날과 달리, 요즘에는 고추냉이, 콩가루, 겨자, 고추장, 허브 소금 등 온갖 양념이 나오면서 삼겹살의 맛을 더 돋우고 있습니다. 양념의 든든한 지원군은 쌈 채소예요. 상추와 깻잎, 쌈무는 고깃집의 필수 요소죠.

고기를 먹고 난 다음, 식사를 마무리할 메뉴도 다양해지고 있습니다. 김치말이국수, 된장찌개, 냉면, 비빔국수, 그리고 볶음밥! 요즘에는 삼겹살집의 디저트는 볶음밥이라는 농담도 나오죠. 날치알과 치즈까지 동원하면서 어떻게든 밥을 맛있게 볶기 위해 노력합니다. 이 정도면 삼겹살은 그 자체로 한식의 거대한 장르라고 해도 되겠어요.

삼겹살구이는 지금도 다양한 모습으로 변주되고 있습니다. 숙성 돼지고기를 쓰거나, 스테이크처럼 고급스럽게 선보이거나 하는 식이죠. 냉동 삼겹살, 대패 삼겹살을 필두로 한 7080 복고풍 삼겹살집도 인기가 높습니다.

1970~1980년대는 냉장 기술이 떨어져서 돼지고기를 꽁꽁 냉동한 채로 유통 및 보관했습니다. 한번 얼었다 녹은 고기이기 때문에 육즙의 양과 맛이 생고기와는 달랐죠. 대패 삼겹살은 냉동 삼겹살을 매우 얇게 썬 고기고요. 냉장 기술의 발전으

로 생고기가 인기를 얻으며 냉동 삼겹살과 대패 삼겹살이 자리를 잃어 가는가 싶더니, 옛날 맛을 그리워하는 소비자를 겨냥해 다시 등장했어요. 삼겹살구이가 단순한 음식이 아니라, 취향을 나타내는 기호품으로 작용한 셈이지요. 삼겹살 이야기를 이쯤 늘어놓고 보니, 삼겹살 백화점에라도 온 기분입니다. 여러분은 어느 삼겹살 가게로 들어가고 싶나요?

끝으로 삼겹살 하면 떠오르는 오겹살에 대해서도 짧게 이야기하겠습니다. 오겹살이라는 부위는 사실 따로 없어요. 오겹살은 삼겹살 위에 지방층이 하나 더 있고, 그 위에 껍질(피부)이 붙어 있도록 칼로 정형한 것을 말합니다. 껍질이 쫄깃하고, 두툼한 맛이 일품이죠. 요약하면 같은 삼겹살이지만 껍질을 붙여 파는 것을 상업적으로 오겹살이라고 부르는 거예요. 아, 우삼겹살이란 말도 들어봤죠? 우삼겹살이란 소 뱃살(양지) 부분의 지방층이 많은 부위를 가리키는데, 돼지 삼겹살의 익숙한 이름을 가져다 쓰는 일종의 상술(?)입니다. 사람들이 쉽게 이해하고 잘 팔릴 수 있도록 고안된 이름인 것이죠.

다양한 맛, 하나도 빼지 마라!
마라샹궈

마라탕과 마라샹궈, 불꽃처럼 매운 대륙의 맛! 마라의 색다른 매운맛에 우리나라 사람들도 벌써 중독되어 버린 것 같아요. 그런데 마라라는 음식에 관해 잘 알고 먹고 있나요?

마라, 얼얼하고 매콤한 그대

마라라는 말이 이제는 더 이상 낯설게 들리지 않습니다. 젊은 세대에게 마라탕은 가히 선풍적인 인기를 끌고 있어요. 떡볶이가 차지하고 있던 젊은 여성들의 소울푸드 자리까지 위협할 기세입니다.

그런데 이처럼 맛있는 마라는 과연 무슨 뜻일까요? '마(麻)'는 '마비'나 '마취' 같은 단어에 쓰는 한자예요. 혀를 얼얼하게 만드는 감각을 나타내죠. '라(辣)'는 매운맛을 뜻하는 한자어입니다. 즉 '마라'는 얼얼할 정도로 매운맛이라는 뜻이죠. 물론 매운맛 하면 또 우리나라 사람들이 일가견이 있습니다.

마라 특유의 얼얼한 맛을 내는 향신료, 화자오

한국 음식에는 고추와 마늘이 듬뿍 들어가죠. 하지만 마라의 매운맛은 우리에게 익숙한 기존의 매운맛과는 좀 다릅니다. 맛을 만들어 내는 성분이 다르거든요. 고추의 매콤함은 캡사이신이라는 성분에서 나와요. 반면 마라의 매운맛을 일으키는 성분은 하이드록시-알파-산쇼올이라는, 이름부터 낯선 화합물입니다. 말 그대로 입 주변이 마비될 만큼 얼얼하고 짜릿한 감각이 특징이죠. 아마 그래서 마라가 우리에게 각광받는 것이 아닌가 싶어요.

그렇다면 마라탕과 마라샹궈 특유의 매운맛은 어떤 향신료에서 나오는 걸까요? 여러 가지 재료가 들어가지만 핵심은 두 가지예요. 중국 쓰촨(사천) 지방에서 유래한 화자오와 우리에게도 익숙한 고추입니다. 화자오는 우리나라에서 흔히 '산초'라고 불리기도 하는데, 사실은 전혀 다른 식물이에요. 화자오는 초피나무의 열매로, 겉껍질을 말려서 쓰며 혀를 찌릿하게 마비시키는 듯한 독특한 감각을 줍니다. 하이드록시-알파-산쇼올을 포함하고 있거든요. 한편 마라탕에 들어가는 고추는 기본적으로 우리가 아는 매운맛에 가깝지만, 원산지가 다른만큼 한국 고추와는 미묘하게 다른 맛을 내죠.

쓰촨은 중국에서도 음식이 맵기로 유명한 곳이에요. 지리적으로 고온다습한 분지 지역이라 땀을 배출시키고 식욕을 돋우는 매운 음식 문화가 발달했죠. 마라탕은 쓰촨 지방의 '마오

마라탕과 마라샹궈

차이'라는 음식에서 유래한 것으로, 1990년대 들어서 중국 전역으로 퍼져 나가며 유행하더니 2010년 이후에 한국까지 넘어왔어요. 쓰촨의 매운맛이 중국과 한국 두 나라를 지배(?)하기 시작한 것이죠.

탕과 샹궈의 차이, 국물이 있니 없니?

그런데 마라탕과 마라샹궈는 뭐가 다른 걸까요? 이름도 재료도 비슷한 만큼 헷갈리기도 쉬운데, 간단하게 얘기하면 마라탕은 국물 요리이고 마라샹궈는 볶음 요리예요. 샹궈를 우리 말로 옮기면 '향과'인데, '향기로운 냄비 요리'라는 뜻으로 해석하면 됩니다.

마라탕의 원조가 마오차이라는 것은 방금 이야기했죠? 이 마오차이의 원조는 바로 훠궈입니다. 말하자면 중국식 샤브샤브예요. 훠궈는 여러 재료를 시켜서 함께 먹는 음식이다 보니, 이것을 1인분으로 단출하게 먹을 수 있게 한 그릇에 내놓기 시작한 것이 마오차이의 유래입니다. 마라탕은 마오차이에서 매운맛을 조금 덜어 낸 음식이라고 할 수 있어요.

한편 마라샹궈는 2000년대를 전후로 쓰촨성의 중심 도시인 충칭의 노동자들이 먹기 시작한 역사가 비교적 짧은 요리예요. 마라탕에서 국물을 빼고 건더기를 볶아 먹는 형태로 발전한 것이죠. 길거리 음식으로 시작해서 나중에는 전문 음식점에서 취급하는 메뉴가 되었어요.

두 요리는 국물이 많으냐, 바특하냐의 차이가 있을 뿐 본질적으로 재료는 비슷해요. 화자오, 고추, 두반장, 마늘, 생강, 파 등에 고기와 각종 채소를 더해 만듭니다. 화자오 말고도 우리에게 낯선 재료들이 많은데, 푸주·청경채·곤약·중국 당면·건두부 등이 대표적입니다. 마라탕은 보통 샤브샤브처럼 재료를 국물에 살살 흔들거나 담가서 익혀 먹죠. 그래서 재료의 선택폭이 더 넓고, 직접 골라 먹는 재미가 있어요. 반면에 마라샹궈는 주문하면 주방에서 볶아 나오기 때문에 재료가 미리 정해져 있는 경우가 흔해요.

멈추지 마라, 마라 유행!

한국에서 마라 요리가 본격적으로 유행하기 시작한 것은 2010년대부터입니다. 처음에는 우리나라에 온 중국인 노동자들이 먹기 시작했고, 급격하게 증가한 중국인 유학생들이 덩달아 불을 지폈어요. 이제는 한국인도 가세하여 어느 동네에서든 마라 가게를 찾아볼 수 있게 되었고, 어떤 사람들은 거의 일상적으로 찾아 먹는 음식이 되었습니다. 특히 대학가에서 인기가 상당했어요. 마라탕이 중국 전역에서 처음 유행할 당시에도 역시 대학가에서 유행이 시작되었다고 합니다. 베이징이나 상하이 같은 대도시 젊은이들의 입맛을 저격했다는 거죠. 비슷한 패턴이 우리나라에서도 반복된 겁니다. 이 두 음식은 비교적 저렴한 재료들로 화려한 구색을 갖추고 있는 데다가 주머니가 가벼운 학생이나 젊은 층이 손님이므로 가격도 부담스럽지 않은 편입니다.

그런데 마라 요리가 우리나라에서 이렇게까지 인기를 모을 수 있었던 까닭은 무엇일까요? 아직 마라가 인기 메뉴로 자리 잡은 나라는 본토인 중국을 제외하면 우리나라뿐이에요. 물론 한국인들이 원래 매운 음식을 좋아한다는 점이 중요하게 작용했을 겁니다. 어떤 사람들은 한국인들이 유달리 맵고 얼얼한 음식을 좋아하는 원인을 높은 스트레스에서 찾기도 합니다. 매운맛은 실제로 스트레스 해소에 도움을 주거든요. 매운맛을 느끼면 뇌에서 통증을 감지하고, 기분을 좋게 만드는 엔도르핀을 분비하게 만듭니다. 정말로 높은 스트레스가 마라의 색다른 매운맛을 찾게 한 것일지도 모르겠어요.

마라의 다음 인기 요인으로는 혼밥 문화를 꼽을 수 있겠습니다. 각자 원하는 재료를 직접 고르고 계산하고 먹는 방식이다 보니, 혼자 부담 없이 먹을 수 있어요. 또 빨갛고 자극적이며 이국적인 비주얼도 한몫했을 겁니다. 먹기 전에 한 장 찍고 SNS에 올려 공유하기에 딱 맞는 요리인 것이죠. 게다가 앞서도 말했다시피 마라 요리의 가격은 비교적 싼 편입니다. 최근에는 치킨이나 인스턴트 라면에 마라맛이 첨가되는 등 마라의 인기는 식을 줄 모르고 있습니다. 130여 년 전에 우리나라에 들어온 중국인들이 유행시킨 짜장면, 호떡과 같은 길을 걷고 있는 겁니다. 어쩌면 짜장면이 그랬듯이 마라탕과 마라샹궈도 본토와는 전혀 다른 한국식 요리로 변하지 않을까요?

실제로 한국과 중국의 마라 요리는 벌써 많이 달라지고 있습니다. 다른 문화권으로 옮겨 간 음식들이 늘 그렇듯이, 그 나라 사람들의 입맛에 맞게 현지화가 이루어졌기 때문이죠. 아무래도 한국 사람들은 중국인들에 비해 '마'의 얼얼한 감각을 조금 덜 즐기는 편이니까요. 그래서 한국의 마라 요리는 본토의 것에 비해 전반적으로 좀 더 부드럽고, 덜 자극적인 편입니다. 한 가지 결정적인 차이는 중국인들은 마라탕의 국물을 마시지 않는다는 점이에요. 반면 국물 요리에 익숙한 한국 사람들은 국물까지 마시는 경우가 보통입니다. 그래서 덜 자극적으로 바뀐 것일지도 모르겠습니다.

마라 열풍, 어디까지 갈까?

앞으로도 마라탕과 마라샹궈의 유행은 한동안 계속될 것으로 보입니다. 앞서 언급했듯이 혼밥 문화와도 잘 어울리고, SNS 게시에도 최적화된 비주얼을 자랑하는 음식이니까요. 젊은 세대에서 마라탕은 이미 하나의 문화로 자리 잡았다고 보아도 무방합니다.

하지만 마라의 유행의 마냥 긍정적인 것만은 아닙니다. 먼저 건강에 부담을 준다는 점을 지적하지 않을 수 없어요. 본고장인 중국에서도 보건당국이 마라의 과다한 섭취를 자제하라고 권고한 바 있습니다. 위염과 같은 위장 질환의 증가가 우려된다는 이유였죠. 게다가 너무 강한 자극은 미각을 무디게 만들고, 입맛이 자극적인 음식에 길들여질 수도 있습니다. 또한 강한 향신료가 덮어 버리는 식재료의 품질과 위생 문제도 종종 지적되는 부분이니, 언론 보도를 주의 깊게 살펴볼 필요가 있습니다.

그렇더라도 마라는 여전히 색다르게 맛있습니다. 오늘날 우리의 라이프스타일과도 잘 어울리고요. 이처럼 음식은 그 시대의 문화를 반영하는 법이죠. 한편으로는 한국인들의 높은 스트레스가 정말 마라 열풍의 한 가지 원인이라면, 씁쓸하다는 생각이 들기도 합니다. 마라는 앞으로 어떤 식으로 우리의 식탁에 남게 될까요? 짜장면처럼 완전히 현지화되거나 꾸준히 사랑받는 대표 음식이 될 수 있을까요? 한 가지 확실한 건, 마라탕과 마라샹궈가 단순히 맵고 얼얼한 맛을 넘어서 우리가 음식을 소비하고 즐기는 방식 자체를 조금씩 바꾸어 놓고 있다는 사실입니다.

나눠 먹어서 즐거운
피자

납작한 빵 위에 펼쳐진 세계의 역사. 고대 이탈리아에서 시작된 피자는 미국을 거쳐 한국과 북한까지, 각국 문화 속에서 저마다 다른 모습으로 진화해 왔습니다.

맛있는 피자는 '○○'에서 결정된다!

새콤달콤한 토마토소스에 고소한 모차렐라치즈를 듬뿍 얹은 피자는 누구나 알다시피 이탈리아를 대표하는 음식입니다. 물론 전 세계인의 입맛을 사로잡은 글로벌 음식이기도 하죠. 우리나라에는 1980년대 이후로 피자 열풍이 불었습니다. 치킨과 함께 인기 있는 배달 음식으로 떠올랐지요. 요즘은 치킨의 위세에 눌려 주춤하는 모양새이지만, 여전히 피자를 찾는 사람들도 적지 않답니다. 게다가 요즘에는 배달 음식이 아닌, 화덕 피자 가게를 찾는 사람들도 늘어났어요.

피자의 고향 이탈리아에서는 피자를 빵으로 구분해요. 피자의 핵심은 역시 도(dough)라는 밀가루 빵입니다. 대부분의 사람들은 위에 얹는 토핑에 주목하겠지만, 사실 토핑에는 요리사가 개입할 부분이 많이 없습니다. 미리 준비된 재료를 그대로 올려 굽는 경우가 대부분이거든요. 물론 토핑의 조합도 중요하지만, 요리사의 진짜 실력은 반죽을 다루는 솜씨에서 드러납니다. 밀가루의 종류, 물의 온도와 비율, 반죽 숙성 시간, 발효 정도, 굽는 온도와 방식 등이 도의 맛과 식감을 좌우하죠. 맛있는 피자는 사실 도에서 대부분 결정된다고 해도 과언이 아닙니다.

피자의 고향, 이탈리아가 아닐 수도 있다고?

그런데 잠깐, 피자의 원조는 정말 이탈리아일까요? 당연한 얘기 아니냐고요? 꼭 그렇지도 않습니다. 어떤 사람들은 피자의 진짜 고향은 그리스라고 주장해요. 고대 그리스는 이탈리아의 여러 지역을 지배하면서 식민 도시를 건설했는데, 피자의 고향 나폴리도 그런 도시 중 하나였거든요. 그리스를 대표하는 음식 중에 '피타'라는 빵이 있는데요, 마치 피자처럼 납작하고 둥글게 생겼어요. 이 빵이 나폴리 지역에 소개되었다는 것이죠. 정확히 단언할 수는 없지만 일리 있는 주장입니다. 누누이 말했듯이 서로 다른 문화권의 교류에 따라 식생활에도 변화가 생기는 건 지극히 당연한 일이에요. 짜장면이 사실상 한국 음식이 된 것처럼요. 어쩌면 피자와 이탈리아의 관계도 이와 비슷할지 모르겠습니다.

이탈리아 사람들은 이 둥근 빵을 눌러서 접시처럼 만들어 이 위에 여러 요리를 얹어 먹었다고 해요. 나폴리와 가까운 폼페이의 유적에는 빵 가게와 피자의 흔적이 남아 있어요. 폼페이는 약 2,000년 전에 베수비오산 폭발로 땅속에 묻혀 버린 고대 도시입니다. 2023년에는 폼페이 유적지에서 피자처럼 생긴 빵의 그림이 발굴되기도 해서 세상의 관심을 모았어요. 이탈리아 피자의 역사는 그만큼 아주 오래되었습니다. 그러니 이탈리아 대표 음식이라고 해도 되지 않을까요.

피자에는 원래 토마토가 없었다

그런데 그 시절의 피자도 오늘날과 같은 모습이었을까요? 당시에는 빨간 토마토소스가 없었습니다. 피자는 주로 올리브유와 마늘, 치즈 등을 얹어 먹던 소박한 음식이었죠. 토마토가 유럽으로 전해진 건 신대륙 발견 이후의 일이에요. 토마토 역시 카카오처럼 원래는 아메리카 대륙에서 자라던 식물입니다. 처음 유럽에 소개되었을 때에는 독성이 있다는 오해를 받아서 심어 두고 구경만 하는 관상용 식물이었죠.

그러다가 점점 음식에도 쓰이기 시작했고, 나폴리에서 피자 토핑 소스로 활용됩니다. 이와 관련한 한 가지 재미있는 설이 있어요. 1889년, 이탈리아가 통일된 지 얼마 지나지 않은 때였어요. 나폴리를 방문한 왕비 마르게리타에게 어느 요리사가 빨간 토마토소스 피자를 바쳤다고 합니다. 초록색 바질과 하얀 모차렐라치즈에 빨간 토마토를 더해, 통일된 이탈리아의 국기 색깔을 상징하는 피자를 만들었던 거예요. 다만 이러한 일화는 꾸며 낸 것일 가능성이 높습니다. 실제로 어쩌다 토마토와 피자가 떼어 놓을 수 없는 단짝이 된 것인지는 아무도 정

확히 몰라요. 하지만 분명한 것은 이 마르게리타피자가 현대 피자의 원형이라는 점입니다. 마르게리타피자는 지금도 이탈리아의 전통 피자 가게에서 가장 많이 팔리는 피자예요.

피자의 수도에서 피자 먹는 방법

피자의 고향은 아닐지 몰라도, 피자의 '수도'는 누가 뭐래도 나폴리입니다. 피자는 원래 두 가지 종류만 있었다고 해요. 마리나라피자와 마르게리타피자가 그것이죠. '마리나라'는 '어부의 피자'라는 뜻으로 치즈를 올리지 않고 토마토소스에 다진 마늘과 오레가노 가루를 뿌린 것이 전부입니다. 치즈를 올리지 않았으니 값이 싸고 맛도 좀 덜 풍부하죠. 그래도 나폴리의 전통 피자로 아직도 현지에서 인기가 있어요. 한국에도 나폴리에서 요리를 배운 피자 요리사들이 여럿 활약하고 있으니, 그런 가게들에 가면 피자 마리나라를 맛볼 수 있어요.

나폴리 피자에는 국제적인 인증 제도도 있습니다. 여덟 가지 규정을 지켜야만 나폴리 피자로 인정받을 수 있어요. 빵을 구울 때 전기 오븐이 아니라 장작 화덕을 써야 하고, 온도는 섭씨 485도 이상이어야 하며, 형태는 둥글어야 합니다. 피자의 가운데 두께는 0.3센티미터를 넘어서는 안 되고, 가장자리의 크러스트 두께는 2센티미터 이하여야 해요. 물론 이 규정을 누구나 지켜야 하는 것은 아니지만, 잘 지키면 나폴리피자협회에서 인증을 해 준다는 것이죠. 소비자 입장에서는 이런 인증을 받은 가게를 더 선호하게 될 테니, 장사에 도움이 될 거예요. 저도 이 규정을 지켜서 만든 피자를 좋아합니다. 군데군데 검게 그을린 자국이 있고, 맛이 짭짤하고 진하거든요. 이러한 규정과는 무관하게, 이탈리아에는 피자를 먹는 사회적 규칙도 있어요.

먼저 한 사람당 한 판을 시켜야 합니다. 물론 아기들은 제외하고요. 이탈리아에서는 초등학생만 되어도 자기 몫으로 한 판을 먹어요. 이탈리아 사람들은 대식가냐고요? 그런 것이 아니라, 피자가 비교적 얇은 덕이랍니다. 다음으로는 피자를 잘라서 내오면 안 돼요. 각자 포크와 나이프를 써서 잘라 먹습니다. 다른 사람과 나눠 먹는 법도 거의 없어요. 끝으로는 가루 치즈, 피클, 핫 소스 등을 제공하지 않아요. 이런 규칙들이 매우 엄격하게 적용되는 것은 아니에요. 특히 관광객이라면요.

그래도 가루 치즈나 소스를 달라고 하면 요리사가 싫어할 수도 있으니, 가급적 피자 본연의 맛을 즐겨 보기를 권합니다.

피자는 워낙 이탈리아 사람들이 흔히 먹는 음식이라, 현지에서는 일반적인 물가에 비추어 보면 싼 음식입니다. 맥도날드 햄버거가 이탈리아에도 진출해 있는데요, 햄버거 세트와 피자 한 장의 값이 비슷합니다. 기본 피자라고 할 수 있는 마르게리타가 6~10유로 정도 합니다. 우리 돈으로는 만 원 안팎인 정도지요. 물론 말했다시피 한국식 피자보다 비교적 얇고 가벼워서 저렴한 것이기도 해요.

원조와는 다른 한국의 맛

피자의 종류는 매우 다양합니다. 무엇이든 올려서 구우면 맛있어지는 피자 특유의 성격 때문이죠. 해산물을 올리기도 하고, 각종 햄과 소시지와 고기를 올려 굽기도 합니다. 고구마나 감자를 올리기도 하고, 채소를 올리기도 하죠. 달걀과 크림이 올라갈 때도 있어요. 심지어 파인애플도요! 미국식 피자의 토핑이 훨씬 다채롭습니다.

그러면 우리나라에는 피자가 어떤 경로로 처음 들어왔을까요? 토핑이 풍성한 것만 봐도 알 수 있듯이, 한국식 피자는 이탈리아보다는 미국의 영향을 많이 받았습니다. 미국은 확장하는 과정에서 이민자들을 많이 받아들였어요. 그중에는 이탈리아 출신 이민자들도 상당히 많았습니다. 19세기 후반에서 20세기 초반에 걸쳐 400만 명이 넘는 이탈리아인이 바다를 건넜어요. 이들이 미국의 음식 문화에 큰 영향을 끼쳤습니다. 피자, 치즈, 와인, 살라미 소시지, 올리브유 등이 대표적이지요. 미국식 피자는 뉴욕에 자리 잡은 이탈리아 남부 출신 이민자들에 의해 발전했습니다. 그러는 과정에서 점차 미국인들의 입맛에 맞게 소스를 첨가하고, 크기가 커졌으며, 나눠 먹을 수 있도록 잘라 팔게 되었죠. 배달 문화도 미국에서 생겼어요. 이탈리아 피자는 현재도 거의 배달을 하지 않아요.

우리나라에서는 1970년대부터 피자 가게가 한둘씩 생겨나기 시작합니다. 그러다가 1980년대에 크게 성행했어요. 당시에는 비싼 음식이어서 부자들과 세련된 유행을 선도하는 계층이 찾는 외국 음식이었어요. 하지만 점차 재료비가 싸지면서 누구나 먹는 음식이 되었고, 미국의 대형 피자 체인점이 상륙하여 명동, 종로, 강남 등지에 지점을 열어 번창했어요. 최고의 데이트 장소이기도 했습니다. 2000년대 들어서 이런 대형 프랜차이즈는 거의 사라졌고, 배달 중심으로 바뀌었습니다. 치킨과 시장을 놓고 격돌하는 음식이 된 거죠.

원조 '삣짜'를 찾아서!

북한에서도 피자가 인기 있다는 사실을 알고 있나요? 북한은 나라의 문을 걸어 잠그고 서양의 문물을 잘 받아들이려 하지 않지만, 의외로 미국 음식을 몇 가지 수용하고 있어요. 북한의 국영 항공사인 고려항공은 중국 베이징을 오가는 전세기에서 기내식으로 햄버거를 제공한 지 오래입니다(맛은 별로라는 소문입니다). 수도인 평양에서는 피자를 먹을 수도 있어요. 양식 레스토랑에서 팔고 있는데, 평양을 방문한 유럽 기자가 촬영한 영상이 유튜브에 올라와 있어서 커다란 오븐에 피자를 굽는 장면을 자세히 볼 수 있습니다.

재미있게도 북한의 피자는 미국보다 이탈리아식에 가깝습니다. 얇고 토핑이 단순한 편이에요. 북한에서는 피자를 '삐짜'라고 발음하는데요, 이는 북한이 요리사를 이탈리아에 파견하여 배워 왔기 때문에 현지 발음과 유사하게 적은 듯합니다. 이탈리아 현지 발음은 '피자'보다는 '삣짜'에 가깝거든요. 물론 아무나 이 피자 가게를 갈 수는 없을 거에요. 값이 상당히 비싸서 북한의 서민 월급으로는 사 먹기 어렵습니다.

끝으로 피자의 맛을 결정하는 치즈에 관한 이야기를 하지 않을 수 없겠습니다. 앞서 빵 이야기도 했지만, 기본 재료인 치즈야말로 가장 중요하다고 할 수 있어요. 원조 이탈리아식 피

자에는 물소 젖으로 만든 탱탱한 치즈를 얹어서 굽는데요, 요즘에는 점차 일반 우유로 만든 모차렐라치즈를 쓰고 있어요. 물소 젖으로 만든 모차렐라치즈는 가격이 더 비싸니까요. 일반 피자 가게나 배달 전문점은 이런 비싼 치즈는 쓰기 어렵습니다. 대신 가공된 모차렐라치즈를 쓰고 있어요. 우유가 아닌 식용유로 만든 유사 치즈를 쓰기도 하고요. 고급 치즈로 만든 피자를 먹고 싶다면, 나폴리식 화덕 피자 가게에 찾아가야 해요. 집에서 시켜 먹는 피자도 충분히 맛있지만, 원조의 풍미를 맛보고 싶을 때는 피자 맛집을 찾아가 보기를 바라요!

박찬일의
조금 특별한 레시피

간장크림떡볶이
로제 매운 아마트리치아나 리가토니
대파연어스프레드
참치비빔면
순살치킨
삼겹살짬뽕라면
마라파스타

special
recipe

고소하고 부드러운
간장크림떡볶이

고추장을 넣은 매콤한 떡볶이도 좋지만, 가끔은 다른 양념을 활용해 봐도 맛있답니다. 간장과 생크림을 섞어서 만든 떡볶이도 별미예요!

recipe

재료(2인분)

떡볶이용 쌀떡 300그램

생크림 반 컵

우유 1컵

작은 양파 반 개

팽이(또는 느타리)버섯 3분의1 봉지

햄 50그램

피자 치즈 한 줌

어묵 1장

다진 마늘 1작은술

진간장 2큰술

후추 약간

버터 2큰술

올리고당(또는 물엿) 2큰술

만들기

1. 떡은 미지근한 물에 넣어 30분 둔다.

2. 팬에 버터를 풀고 중약불로 가열한다. 지글거리면 채 썬 양파를 넣어
   볶는다. 거의 다 볶아지면 다진 마늘도 넣어 볶는다. 건져 둔 떡,
   먹기 좋게 썰어 놓은 햄, 팽이버섯, 어묵을 넣는다.

3. 다 볶아지면 간장을 넣고 우유를 붓는다. 반으로 졸아들면
   생크림을 넣는다. 떡이 말랑하게 익을 때까지 기다린다.

4. 올리고당을 넣어 농도를 조절하고 피자 치즈를 넣어 녹인다.

5. 간을 봐서 싱거우면 소금을 살짝 넣는다. 후추를 뿌려서 먹는다.
   파가 있으면 파를 뿌려도 좋다.

이탈리아의 맛!
로제 매운 아마트리치아나 리가토니

이제 다양하고 넓은 파스타의 세계를 잘 알았죠? 이름이 길고 어렵다고 겁먹지 마세요. 오늘의 메뉴는 '로제 매운 아마트리치아나 리가토니'입니다. 참고로 리가토니는 튜브 모양의 면이에요!

recipe

재료(2인분)

리가토니 160그램

베이컨 3줄

생크림 반 컵

토마토소스(시판용) 200그램

꽃소금 1작은술

크러시드 페퍼(거칠게 부순 고추) 반 큰술

가루 치즈 2큰술

파슬리 가루(혹은 바질 가루)와 후추 약간

쪽파 2줄기

올리브유 4큰술

다진 마늘 1큰술

다진 양파 4큰술

만들기

1. 베이컨은 1센티미터 크기로 썬다. 쪽파는 송송 썰어 둔다.

2. 팬에 올리브유를 두르고 양파와 마늘을 볶는다.

3. 베이컨을 넣어 더 볶은 다음, 크러시드 페퍼를 넣고
   매운 기운이 올라올 때까지 더 볶는다.

4. 토마토소스를 붓는다. 적당한 농도가 나오면 간을 보고
   생크림을 넣어 한 번 가열한다.

5. 물 1리터에 꽃소금 1작은술을 넣고 파스타 면의 봉지에 써 있는 대로
   삶는다. 보통 10분 내외다.

6. 팬에 불을 다시 켜고 삶은 리가토니를 넣어 주걱으로 잘 버무린다.
   면을 삶은 물을 조금씩 넣어 가며 조절한다.

7. 접시에 담고 후추, 가루 치즈, 쪽파 썬 것을 올려 먹는다.
   바질 가루나 파슬리 가루를 뿌려 먹으면 더 좋다.

recipe

바르면 더 맛있다!
대파연어스프레드

빵을 먹을 때 잼이나 땅콩버터, 평범한 크림치즈를 발라 먹기 지겹다면?
고소한 크림치즈에 연어와 파를 섞어 맛과 향을 모두 잡은
대파연어스프레드는 어떨까요?

recipe

재료(2인분)

훈제 연어 100그램

크림치즈 100그램

대파 반 줄기

다진 마늘 1작은술

버터 2큰술

마요네즈 1큰술

후추 약간

레몬즙 1큰술(농축액 1작은술)

만들기

1. 연어는 작게 자른다. 크림치즈는 상온에 미리 꺼내 둔다.
2. 대파는 송송 썰어 둔다. 흰 부분과 푸른 부분이 골고루 있어야 한다.
3. 팬에 버터를 두르고 낮은 불에 대파를 볶는다. 태우지 않는다. 볶아지면 훈제 연어와 다진 마늘을 넣어 같이 살짝 더 볶는다.
4. 볼에 3의 볶은 재료를 옮기고 크림치즈를 넣어서 잘 으깨고 섞는다. 마요네즈, 후추, 레몬즙을 첨가하여 더 섞는다.
5. 식힌 후 냉장고에 두었다가 꺼내어 빵에 발라 먹는다.

TIP 물을 서너 큰술 넣고 도깨비방망이로 갈면 입자가 고와서 더 맛있다.
TIP 파슬리 가루를 다져 넣으면 색다른 맛이 난다.

recipe

냉장고 속 ○○만 더하면?
참치비빔면

여름에는 가끔씩 시원하고 새콤한 비빔면이 당길 때가 있죠?
참치를 살짝 섞은 참치비빔면을 먹으면 무더위도 문제 없어요.

recipe

재료(2인분)	양념장
참치 캔 60그램	고춧가루 1큰술
소면 200그램	물엿이나 올리고당 2큰술
오이 3분의 1개	진간장 1작은술
달걀 1개	고추장 1큰술
김 한 장	식초 1큰술
참기름 1큰술	후추 반 작은술
통깨 약간	다진 파 1큰술
깻잎	다진 마늘 반 큰술
쌈무	

만들기

1. 전자레인지용 그릇에 물을 200밀리리터 넣고 식초 1작은술을 넣어 가볍게 섞는다. 달걀을 깨서 그릇에 넣는다. 전자레인지에 1분간 돌린 다음 달걀을 꺼내어 조심스럽게 체에 받쳐 흐르는 물에 가볍게 씻는다.
2. 깻잎은 흐르는 물에 씻은 뒤 곱게 채 썰고, 쌈무는 물기를 제거한 뒤 반으로 잘라 채 썬다.
3. 오이는 4~5센티미터 길이로 자른다.
4. 끓는 물에 소면을 넣어 3분간 끓인 뒤 얼음물로 헹구고 체에 받쳐 물기를 제거한다.
5. 양념장에 면을 넣어 비비고, 참기름을 넣어 버무린 뒤 접시에 담는다.
6. 면 위에 기름을 제거한 참치를 올린다. 깻잎, 쌈무, 오이와 수란을 곁들이고 통깨와 잘게 부순 김을 뿌려 먹는다.

recipe

한입에 쏙!
에어프라이어 순살 치킨

에어프라이어 덕분에 이제는 집에서도 간단하게 치킨을 만들 수 있습니다. 기름에 튀긴 치킨 못지않은 순살 치킨을 만들어 볼까요?

recipe

재료

염지된 닭고기 순살 400그램

후추 약간

튀김가루 3컵

감자 전분 반 컵

식용유 약간

양념 소스

만들기

1. 닭은 종이 타월로 닦아서 두 입 크기로 자른다.

2. 튀김가루와 감자 전분을 섞고, 후추를 첨가한다.

3. 넓은 쟁반에 2번의 가루를 놓고, 닭고기를 집어서 골고루 묻힌다.
   이때 꾹꾹 누르듯이 묻혀야 좋다.

4. 에어프라이어는 섭씨 170~180도로 가열한다.

5. 3번의 가루 묻힌 닭에 기름을 골고루 뿌리듯이 바른다.

6. 에어프라이어에 넣어 굽는다. 먼저 15분 구운 뒤에, 닭을 뒤집어서
   기름을 한번 더 발라 준 후 10분 더 굽는다.

7. 양념장을 찍어 먹거나 후추, 소금에 찍어 먹는다.

TIP 염지된 닭고기와 양념 소스는 마트나 인터넷에서 구매할 수 있다.

세 가지 맛을 한번에!
삼겹살짬뽕라면

얼큰한 짬뽕과 라면에 고소한 삼겹살을 한번에 맛볼 순 없을까요?
오징어짬뽕, 진짬뽕 등 시중에서 판매하는 인스턴트 짬뽕 라면으로
간단하게 특식을 만들 수 있답니다.

recipe

재료(2인분)

짬뽕 맛 인스턴트 라면(오징어짬뽕
등) 2봉

삼겹살 80그램

작은 양파 반 개

다진 마늘 1작은술

대파 흰 부분 10센티미터

버섯 아무거나 약간

채 썬 오징어 반 마리

식용유 5큰술

진간장 1작은술

까나리액젓 반 작은술

시판 치킨스톡(액상) 반 큰술

만들기

1. 버섯은 먹기 좋게 손질하고, 양파, 삼겹살은 채 썬다. 대파도 어슷 썬다.
2. 우묵한 팬이나 큰 냄비에 식용유 5큰술을 두르고 가열한다.
   양파, 대파, 마늘을 넣어 볶고 삼겹살과 오징어도 넣어 볶는다.
   버섯을 추가한다. 간장과 액젓을 넣는다.
3. 2번 재료에 물 850밀리리터를 붓고 가열한다.
   끓으면 라면과 수프 등을 넣는다.
4. 라면이 다 익으면 치킨스톡을 넣어서 간을 조절하고 먹는다.

recipe

간단하게 즐기는 대륙의 풍미!
마라파스타

마라는 여러 가지 소스를 섞어서 만드는 게 기본이지만, 집에서 간단히 요리하기 좋은 소스가 나와 있어요. 그것을 이용해서 만들어 봅시다.

recipe

재료

스파게티 면 200그램

마라 소스 2큰술

다진 소고기 반 컵

간장 2큰술

다진 양파 2큰술

다진 마늘 1큰술

식용유 3~5큰술

후추 약간

고추기름 1큰술

굴소스 1큰술

가루 치즈 2큰술

쪽파 1줄기

파슬리 가루 약간

만들기

1. 팬에 식용유 3큰술을 넣고 다진 양파와 다진 마늘을 볶는다. 다 볶아지면 다진 소고기를 볶는다. 기름이 모자라면 한두 큰술 더 넣는다. 재료를 다 볶은 후 간장을 넣고 10초만 더 볶는다.
2. 1번에 마라 소스를 넣고 잘 저어 섞이게 한다. 후추와 고추기름을 넣어 풍미를 낸다. 굴소스로 간을 한다(마라 소스는 기본적으로 싱거우면 맛이 없다).
3. 냄비에 물을 넉넉히 해서 면을 삶는다(봉지에 써 있는 대로).
4. 면을 건진다. 팬에 불을 다시 켜고, 면과 소스를 휘저어 버무린다(삶은 물을 서너 큰술 추가하면서 저을 것). 접시에 담고 가루 치즈를 뿌려 먹는다. 송송 썬 쪽파나 파슬리 가루를 얹으면 더 좋다.

TIP 마라 맛을 더 표현하려면 마유(얼얼한 초피 기름)를 1작은술 넣으면 제대로다.
TIP 소고기 대신 오징어나 낙지를 썰어 넣어도 맛있다.

recipe

111쪽: ©Sham Clicks/Shutterstock
120쪽: ©Thasneem/Shutterstock
121쪽: ©New Africa/Shutterstock
125쪽: ©맥도날드
129쪽: ©yoganugraha/Shutterstock
131쪽: ©NataliaZa/Shutterstock
134쪽: ©BARECA Media/Shutterstock
136쪽 ©DesignMarjolein/Shutterstock
141쪽: ©Toyakisphoto/Shutterstock
143쪽: ©humanaut/Shutterstock
146쪽: ©im lee/Shutterstock

3부
154쪽: ©mnimage/Shutterstock
156쪽: ©Anom Harya/Shutterstock
158쪽: ©LH Han/Shutterstock
163쪽(왼쪽): ©THMorningMonday/Shutterstock
163쪽(오른쪽): ©Alex Photo Stock/Shutterstock
170쪽: ©sweet marshmallow/Shutterstock
170쪽: ©Hihitetlin/Shutterstock
172쪽(위): ©서울미래유산 홈페이지
172쪽(아래): ©서울미래유산 홈페이지
174쪽(왼쪽): ©Zintwo/Shutterstock
174쪽(오른쪽): ©Johnathan21/Shutterstock
180쪽: 퍼블릭도메인(김준근)
185쪽: ©농촌진흥청
187쪽: ©photohwan/Shutterstock
194쪽: ©buru01/Shutterstock
196쪽(위): ©ANURAK SIRITHEP/Shutterstock
196쪽(아래): ©firpeng/Shutterstock
207쪽: ©Moiz Contributor 8002/Shutterstock
209쪽: ©Antonio Gravante/Shutterstock
213쪽: ©VasiliyBudarin/Shutterstock

도판 출처

맛에 진심이라면,
교양 한 그릇

1판 1쇄 발행일 2025년 9월 5일

지은이 박찬일
펴낸이 권준구 | **펴낸곳** (주)지학사
편집장 김지영 | **편집** 공승현 명준성 원동민
책임편집 원동민 | **일러스트** 남시본 | **디자인** 정은경디자인
마케팅 송성만 손정빈 윤술옥 이채영 | **제작** 김현정 이진형 강석준 오지형
등록 2017년 2월 9일(제2017-000034호) | **주소** 서울시 마포구 신촌로6길 5
전화 02.330.5265 | **팩스** 02.3141.4488 | **이메일** booktrigger@naver.com
홈페이지 www.jihak.co.kr/book-trigger | **블로그** blog.naver.com/booktrigger
페이스북 www.facebook.com/booktrigger | **인스타그램** @booktrigger

ISBN 979-11-93378-60-1 43380

* 책값은 뒤표지에 표기되어 있습니다.
* 잘못된 책은 구입하신 곳에서 바꿔 드립니다.
* 이 책의 전부 또는 일부 내용을 재사용하려면 반드시 저작권자의 사전 동의를
  받아야 합니다.

북트리거

트리거(trigger)는 '방아쇠, 계기, 유인, 자극'을 뜻합니다.
북트리거는 나와 사물, 이웃과 세상을 바라보는 시선에 신선한 자극을 주는 책을 펴냅니다.